刘强东

赚钱是自然而然的事

修娜◎编著

ZHEJIANG UNIVERSITY PRESS
浙江大学出版社

前言　"老刘"最像历史上的谁

刘强东的管理风格是怎样的？说实话，回答这个问题，挺有难度。想了很多，最后都被推倒。

闲来看一档节目，提到现在的某某名人像历史上的某位，我突然受到启发，也想试着用比较的方法，将刘强东与历史上大家耳熟能详的人物画上约等号，以期在读者心中先勾勒出刘强东管理风格的概貌。

刘强东的管理风格中，"霸气"是个不能不提的方面，这一点像极了他的老乡项羽。项羽有大志，年轻时看到南巡途中的秦始皇威风凛凛，发出"彼可取而代之"的感叹；老乡刘强东同样志在四方，在开饭馆亏损、打工还债后，骑着自行车再次到中关村站柜台，创业梦想像踩不死的小强。

你也可以试着了解他一手创立的京东，那是一家从成立之初到现在从不会妥协的公司，和供货商谈判、和对手竞争，创始人刘强东从来都是只知进、不知退。京东内部，刘强东同样是说一不二的"独裁者"，高管向供货商要了一个价值 300 元的箱子、让秘书代打卡两次，都会被他"无情"地开除。

还有人将刘强东的管理风格归结为朴素，甚至略带草莽气质，这一点像极了武松。他敢一人深入虎穴，擅长以少胜多。京东历史上有三次价格战，2008 年与传统渠道商的价格战、2010 年与当当的图书价格战、2012 年与苏宁的家电价格战，三次战役都是刘强东主动发起，且竞争对手都比自己强大数倍。强敌面前，刘强东越战越勇，以完胜收场，比武松更胜一筹。

也有人说刘强东管理上的强势像曹操，从不轻信，控制欲强。他有一个特殊的爱好，开越野车穿越沙漠。刘强东可以连续几天驾驶，从来不会轻易放开方向盘，因为一旦把方向盘交给别人，就等于放弃了主动权。刘强东的信任，从来都是建立在亲自了解情况的基础上。每一天，再忙他也会抽出时间看客户的留言和投诉，随时掌握公司的细微情况。每一年，他都会穿上京东的红色快递制服，骑上摩托车，做一次快递小哥,亲自检验京东的物流系统。

　　还有一点,我觉得应该提及,但是又没有找到可以类比的合适对象,索性直说。京东的"京"取自刘强东初恋女友的名字;他收养了十个孩子,在他们结婚之前都会负责;他曾经因为看了一篇关于留守儿童的报道,在吃饭时忍不住泪流满面。看了这些,你是不是又对刘强东有了新的认识?

　　人们总是喜欢归类,或者在某人身上贴标签。比如,觉得马云性格张扬,马化腾很儒雅,李彦宏低调沉稳,而刘强东霸气外露。实际上,每一个人都是多面体,而作为一家企业管理者,其管理风格也不会呈现非黑即白的严格区分。恰恰相反,能够随着时代和企业发展状况而不断做出调整,才是一个称职的企业管理者。

目录

1

第七章　绝不忽悠的营销之道 / 105

第八章　寻找另一种盈利可能 / 121

第十一章　最接地气的"老大" / 167

第一章 | 没有别的，只有实干

1 等幸运来敲门

每个人都像沙漠里的一粒沙子。京东过去取得了很大的成功,并不是我有什么特别之处。我只是中国千千万万个普通人中的一员,只是我比较幸运一点而已。

——2014 年刘强东接受《南都周刊》记者采访时如是说

背景分析:

一直以来,刘强东留给外界的印象都是踏实努力,也不太谈价值观、世界观之类形而上的东西。这样一个讲求实际的人,居然将自己的成功和幸运联系在一起,看来幸运此物非虚。

刘强东名校出身不假,但学的是和经商毫无关系的社会学。除此之外,他既不是"官二代"也不是"富二代",而是彻头彻尾的"农二代"一个。他没出过国,肚子里没有洋墨水,经商也只能从最低级的站柜台开始。就是这样一个"土老帽",看起来和当时高大上的互联网商务根本搭不上边,却找到了感觉,踏对了节奏,一路披荆斩棘,成了今日的电商大鳄,勤奋努力之外,幸运也是一个不能不提的因素了。

但是话说回来,遇到机会的人何止刘强东一个,为什么他们没有成为后来的"强哥",只成了"小强"? 看来,除了幸运之外,刘强东身上还有别人所没有的过人之处。

刘强东当年在中国人民大学上学时,就自学编程赚到了第一桶金,又向父母亲戚张口,凑钱盘下了一家饭馆。因为毫无经验,饭馆赔钱关张。随后刘强东到一家日企工作,当起了朝九晚五的白领。然而创业之心不死,一还清欠款,他就辞去工作,用一万多元的本钱,开始了在中关村的练摊生涯。创业十多年来,刘强东数次差点变回最初的穷青年,他都一声不吭地扛了过来。京东也在无数次的"京东将死"论调中,一天天壮大起来。看来,刘强东与幸运之间,都是靠他的坚持,一点点拉近距离的。只有肯坚持的人,才能得到幸运的垂青。

思考与启示

已经有所成的人,喜欢谈幸运,以此淡化他们为了达到目标曾经付出的努力,这份谦逊更让人心生敬意。中途放弃最后失败的人，也喜欢谈运气，感叹命运多舛，这份自怨自艾，让人更加彻悟：原来幸运有眼，偏爱一直不放弃的人。

2 "没有一个人理解我"

我创业前三年最大的痛苦，不是站在马路边发宣传单遭白眼，不是挨冷受累，而是感觉世界上没有一个人理解我……哪怕第一年就赚了三十多万，我在他们眼里依然是"下三烂"。

——2013 年刘强东接受《中国信息化周报》采访时如是说

背景分析

刘强东喜欢越野车，尤其喜欢开着越野车穿越沙漠。他曾经在微博上发布一张独自伫立沙漠的照片，说明只有两个字：孤独。这一定是刘强东内心的真实写照，创业家大多是孤独的，因为要走在前面，自然少人陪伴。唯有超越这份孤独，享受这份孤独，才有资格成为成功的创业者。

当年，刘强东身背二十多万元巨债，他的父母虽然心痛，但尚能承受，但是得知刘强东已辞职，在中关村站起了柜台，刘父刘母简直感觉颜面无存。当年让他们挺直腰板、在乡亲们中间狠狠骄傲了一把的儿子，现在却成了小摊贩，这话怎么说得出口？同样不能理解刘强东的，还有他当时的女友。因为家庭背景不同，女友希望刘强东考研留学，成为政客或学者。"练摊算哪门子出路，练摊能成功到何种地步？"女友当时一定是抱着这种想法，与刘强东分手的。

按常理，刘强东确实是个异类。上大学不就是为了做别人做不了的事？在中关村摆摊，小学学历就可以。

或许最后能有所成就的人，总是有那么一股执拗劲，偏爱走"独木桥"。刘强东顶着压力和白眼，就是要让大家看看他不是头脑发热一时冲动，也不是做起了想发财的白日梦无法自拔。他要实现自己的价值，他觉得创业就是他实现价值的最好方式。

经过几年打拼，他的京东多媒体成了全国最大的光磁产品代理商，个人资产也迅速上升到八位数。至此，那些不理解他的人，才开始渐渐明白，原来刘强东选择了一条最适合他自己的路。

思考与启示

古人说，欲有所成，必先"苦其心志，劳其筋骨，饿其体肤"。比起劳其筋骨、饿其体肤，苦其心志似乎更难，更不容易过关。如果每一天都感觉很孤单，有话只能往肚子里咽，真是没有几人能经受得起。也正因如此，那些善于忍耐、不怕孤立无援的人，更容易完成创业大任。

3 创业成瘾

就像孙悟空看到一个他喜欢的东西，抓耳挠腮心痒难耐，他根本控制不了他的猴性，控制不了他自己那一身的冲动，根本控制不了。

——2011 年刘强东接受王利芬专访时如是说

背景分析

在许多场合，刘强东都曾坦言，做电子商务是他迫不得已的选择，因为正赶上"非典"，京东多媒体实体店生意一落千丈，为了清理库存、养活员工，才听了别人的意见，试着在网上销售电子产品。这个话一点不假，京东的电子商务业务就是从这儿起步的，但这并不是刘强东创业的起点，在此之前，他已经尝试了两次。这两次他都是出于自愿，而且是顶着巨大压力的。

第一次是开饭馆，在中关村附近盘下的店面，因为不了解团队管理，很快就关门了。但刘强东的创业热情并没有就此熄灭。为了还清欠款兼学习管理知识，他去到一家日企工作。日企待遇优厚，但刘强东更渴望自由、充满挑战的创业之路。一还清欠款，他就像冲出牢笼一样，乐此不疲地开始了第二次创业。因为手头只有一万多元启动资金，加上他对中关村的特殊感情，最后在中关村租下了一间最小的柜台，开始卖电子产品。

那段时间，因为没钱招人，他每天都要到路边发宣传单。这个长相敦厚的年轻人，一脸汗水，嘴角却微微上翘。因为喜欢，所以才愿意为之付出一切，苦和累也就没那么了不起了。

创业路上，刘强东不顾一切，几乎付出了全部的精力和时间。为了卖出一台刻录机，他曾经花了几天时间教用户学会使用鼠标，还免费为客户制作相片模板。为了了解当时家电连锁企业国美的商业模式，他几乎逛遍了北京城所有的国美连锁门店。2004年，京东正式上线，刘强东关注工作的每一个细节，每天阅读大量的用户留言，以别人无法想象的努力，努力完善京东运营的每一个环节。如今，京东已经坐上国内B2C的头把交椅，成功在美国纳斯达克上市，刘强东依然称自己为创业者。看来，他还沉浸在这种"在路上"的感觉中。

思考与启示

做事情，功利心太强，反而不容易成功。许多人创业，不是出于兴趣，一心想着快富、暴富，心思都用在这上面，反而误了生意本身。做自己喜欢的事，才能不需别人督促打气，动力自然来。

④ 提早转型才能不撞南墙

代理商是一个没有价值的流通环节，早晚要死掉，因为品牌厂商或分销商可以跨过代理商，直接到达零售商，如果不转型，再等三年，我们会死得很惨。

——2011年刘强东接受《创业邦》杂志采访时如是说

背景分析

创业道路上，刘强东一直都是个很敏锐的赛车手，凭着敏锐的直觉，一次次跨过弯道，转型成功。

1998年，刘强东在中关村租了一间柜台，小到只有3平方米，卖起光盘和刻录机。从此中关村又多了一家叫"京东多媒体"的名不见经传的小公司。

靠着聪明的头脑和从不卖假货的诚信经营，刘强东的电子产品柜台生意很好，很快他就晋升为代理商，雅马哈、理光等当年很牛的品牌，刘强东都代理过。可是好景不长，电子产品竞争激烈，短短两年时间，刻录机就从利润率可观的"香饽饽"变成了利润微薄的"砖头"。刘强东没有死扛，开始转卖光磁耗材，这一转型又让他大赚了一笔。等到光磁耗材也无利可图，刘强东又一次站在了公司抉择的十字路口。幸运的是，刘强东又一次靠着敏锐的商业嗅觉，在生意日薄西山之际，华丽转型，一心一意做起了零售商。

在刘强东的商业之路上，决定他日后命运至关重要的一次主动转型，还要数 2003 年"非典"时期的那次。本来，刘强东的实体店生意正做得如火如荼，在全国各地开设了十几家分店，他的目标是像国美一样，将"红旗"插遍全中国。"非典"危机打破了刘强东的计划，也让刘强东阴差阳错接触到了电子商务领域。危机过去以后，刘强东面对利润仍然可观的线下生意和势头迅猛、商机无限的线上生意，必须作出艰难的抉择。尽管众人齐声反对，刘强东仍然迅速关闭了所有实体门店，一心一意做起了网上的生意。事实已经证明了刘强东的长远眼光，比别人更早找到新路，就能更早找到有价值的资源，获得更大发展。

思考与启示

做生意选择好一条符合趋势的道路很重要，如果努力了很久，仍然不见起色，就要思考，自己是不是成了一直在光滑墙壁上试图向上爬的毛毛虫。试着转型，找到一条更适合企业发展的道路。

5 必然中的"偶然"

最初只有 36 个客户，数量很少，但这些人要么是论坛版主，要么是资深玩家，在网上很有影响力，他们给我很多蜜糖吃，说会推荐京东的网站。

——2009 年刘强东接受《创业家》杂志采访时如是说

背景分析

2003 年，在许多人的记忆里都留下了深刻印象。那一年的"非典"，是中国人的噩梦，但对小部分人来说，那却是意义非凡的一年，对刘强东来说就是如此。

那一年，刘强东正做着"成为 IT 业国美"的美梦，希望将他的连锁店开到祖国的山南海北。正当他的野心和他的连锁店一起，以燎原之势迅速铺开的时候，一场始料未及的"非典"不期而至。仿佛一夜之间，实体店门可罗雀，生意惨淡到无法维持。刘强东手里压着几百万元的货，六十多名员工等着开支糊口。俗话说"病急乱投医"，刘强东无奈之下将生意挪到网上，他听说网上有些资深的版主和玩家，或许能帮他推销电子产品。没想到这一试，效果不错，京东的受关注度越来越高，卖出的产品也渐渐多起来。等到 2004 年，"非典"过去，京东已经在网上积聚了不少人气，有一群发烧友级别的网友支持京东。

事情讲到这儿，您可别真以为京东商城能有今天，完全是刘强东运气好的结果。实际上，刘强东在决定放弃线下生意，专心做电子商务的时候，连锁店的生意还很好，利润可观，在大家眼里很有发展前景。是刘强东力排众议，认准电子商务前途无量。作为一个企业的掌舵人，他的远见和韬略，为京东商城的偶然机遇插上了必然腾飞的翅膀。没有他的坚持己见，这个机会恐怕早就溜走了。

"当时信用卡为零、网上支付没有、配送效率也低，怎么做电子商务？邮局汇个款 10 天、15 天才能收到，哪有供应链效率可言？"多年以后，刘强东还清楚记得当时的境况，他的话让大家真正明白，这"偶然"背后所付出的辛苦和努力，才是成功的必然因素。

思考与启示

成功或失败都绝非偶然，只是我们都习惯了从偶然中去寻找别人成功和自己失败的借口。没有哪一个成功的创业者，是靠一次偶然机遇顺风顺水成长起来的。他们都是百般小心，千般耐心，用近乎虔诚的心态照看这棵机遇的小苗，让它长成参天大树。

6 专心做好一件事

我从小养成的思维习惯是：一个人不可能同时做好两件事，一个公司的核心能力也只有一点。我们那么小，一定要把所有的资源集中在一点，才能获得一些竞争性，分散用力只能是找死，只能做一件事，我必须做出选择。

——2009 年刘强东接受《创业家》杂志采访时如是说

背景分析

媒体形容刘强东的眼睛,不大但炯炯有神,喜欢盯住对方的眼睛谈话。的确,刘强东是个很容易入迷的人,做事情容易"钻"进去。他迷上创业,大学时期就开始折腾,几经周折仍初心不改。后来,电子产品生意红火,他为了开更多分店,努力学习国美的运作模式。有一段时间,他天天泡国美连锁店,也不买东西,就是跟店员聊天。北京城里的国美门店都曾留下一个长相普通的年轻男人的身影,谁也不知到这个人是谁,只知道他很愿意跟店员东拉西扯,眼神"贼溜溜"的,看起来像个"奸细"。

2004 年,刘强东正在两条腿走路:一条是线下的实体店生意,12 家店面,5000 万元的销售额;另一条是线上生意,2700 个注册用户,1000 万元的销售额。表面看起来,线下生意仍然优势明显,但是背后的增速却暗藏玄机。这一年,刘强东已经不再继续增加门店数量,实体店业务增速缓慢,只有十几个百分点,而网上业务的年增长率却高达 1600%。嗅觉灵敏的刘强东,果断将精力投入到电商业务中来。以往只知道 QQ 能聊天的刘强东,天天都泡在网上,和那些京东的注册用户聊天,了解客户的需求,还有京东的不足之处。当初,他只随便在公司里挑了一个人处理网上业务,随后又增加了两个,可见网上业务增长之快。

又观察了一段时间,刘强东终于开始动作:结束线下生意,全力做电子业务。这或多或少让其他员工无法理解:关闭仍然占利润大头的门店,经营势头良好但仍没形成规模的网上业务,无疑是个非常大的冒险。但刘强东只想专心做好一件事。

思考与启示

创业之初,人们大多会专心把一件事做好。一旦小有成就,往往高估自己的能力,以为自己可以分身,同时把几件事做成,或是想走着瞧,多条路总比独木桥好,这就会陷入顾此失彼的两难境地,最后拖垮自己。所以,企业越是壮大,越是要把握好方向,只用心做好一件事,切不可自乱阵脚。

7 谨防"后院失火"

就像一座城市一样，城市的道路合不合理，决定将来会不会堵车；下水道走得好不好，会决定暴雨会不会水淹城市，这就是京东的基础设施。有了这三个基础设施，才能说让民众生活得幸福、让老百姓活得好，才存在这个东西。

——2011 年刘强东接受王利芬采访时如是说

背景分析

刘强东虽然大学时自学过编程，但对网站知识的了解几乎为零，几乎可以视为网络"小白"。京东刚开始做网上业务、自建 BBS 论坛卖电子产品的时候，还闹出过一个"大白痴"的笑话。

2003 年夏天某日，刘强东打开论坛，想了解一下订单情况，没想到屏幕上只有"京东网管是个大白痴"的字样，显然网站被黑客攻击了。刘强东赶紧找来技术人员为网站重新做系统。更新登陆时，只有黑客更戏谑的言辞：京东网管还是个大白痴。最后，还是懂黑客技术的朋友出手，才解了京东的"大白痴"之围。

做企业要考虑规模、效益，但更要考虑自身建设是否与企业的发展规模相适应，一定不能操之过急。否则，极容易造成"后院失火"，一发不可收拾。

2008 年，全球性经济危机正盛，知识界、企业界一片唱衰之声。许多企业纷纷做好过冬准备，收缩战线，减员自保。在这种外部环境作用下，刘强东也预测电子商务生意会受到影响，至少不会出现大规模的增长，因此没有大规模招人。没想到"寒冬"之下，电子商务生意却像夏天般火热，以势不可当的增长态势，让许多电商措手不及。

京东的订单像雪片一样飞来，这也考验着京东的后台基础是否扎实，从信息、物流到售后服务，哪一项跟不上，就会招致客户非议。为了保住消费者的口碑，京东决定自断财路，在网站上公开说明原因，希望着急的买家绕道。

有了这一次的经历，刘强东更加注重"后院"建设了。这些年，他顶着"只见规模不见利润"的压力，花费巨资自建物流，担任首席架构师，亲自参与设计公司的信息系统，在细节处下足工夫，都是为了打造京东的地基，建好京东的"后院"。

思考与启示

　　创业者如果只讲求发展速度,既想多快又要好省,多半只能建一个豆腐渣企业。做一个企业的领导者,一定要重视"里子"建设,厚积薄发,把所有后面别人看不到的地方都做好了,才能让消费者满意。

8　技术很重要

　　我不知道京东将来对信息系统的要求是什么,但是我知道我设计的架构不会有什么瓶颈,系统功能可以随着需求的发展而不断增加。

——2009年刘强东接受《创业家》杂志采访时如是说

背景分析

　　一个公司好比一个庞大的系统,每个人都是这个系统中的一个具体环节,大家相互配合,让系统运转自如。刘强东虽然学的是社会学,但是有严密的逻辑思维。在他眼里,京东是一架高速运转、靠技术支撑的机器。只有不断优化系统流程,京东的盘子才能越转越快。

　　早年,刘强东曾经自学编程,对系统开发很有一套。创建京东后,这门技术又有了用武之地。他亲自担任首席架构师,参与设计公司的信息系统,将自己对公司管理的理念融入到系统之中,实现了技术与管理的最佳融合。

　　刘强东设计架构公司的信息系统,并不是靠凭空想象,而是以实际需要为基础的。以商品位置追踪功能为例。2008年之前,公司的信息系统是没有这项功能的。那一年,因为订单量过大,商品到达客户手中的时间延长,京东的客服电话几乎被打爆。通过这次事件,刘强东意识到,让客户及时了解商品所在位置,能消除消费者的疑虑,又能有效减少京东客服的工作量。于是,刘强东马上组织开发人员,说明目的,让技术人员以最快速度开发这项功能。因为既了解公司,又了解技术,刘强东的说明总是简单明了,容易被技术人员理解。刘强东试着用技术掌握京东的每一个环节。大到采购名单,小到包装产品需要多大的箱子,都能通过信息系统找到答案。通过技术管理公司,公司的运转更精确高效了。

京东的信息系统也不是一成不变的，就像刘强东说的那样，它会随着需求的变化不断更新，增加新内容。它会一直是最先进的，以保证京东一直高速运转下去。

思考与启示

做企业不是过家家，饭做多了可以下次吃。做企业要求精确高效，标准化水平越高越好，尤其是做零售这种实业型企业，非以技术为支撑不能立。企业领导者应该不断优化企业的运营流程，提高运营效率。

9 超强的进化能力

不同的时间、年龄要面临不同的环境，那时候在柜台觉得很快乐，而今天，带领更大的团队去迎接更大的挑战也一样快乐。

——2012 年刘强东接受腾讯科技采访时如是说

背景分析

刘强东靠在中关村卖电子产品起家，京东上线之前没有任何的电子商务背景。京东最核心的管理团队，也大多是电子商务"小白"。这一方面和刘强东对公司的定位有关，在他心中，京东本质上不是一家电子商务公司，而是一家零售公司。所以，刘强东选人，不看重专业背景，更看重这些人身上是否有做零售的气质：灵活，进化能力强。

从自建物流这件事中就能看出这一点。最开始，京东也和其他电子商务公司一样，运用第三方物流。可是没多久，第三方物流的弊端就暴露出来：成本高、速度慢、服务差。刘强东意识到自建物流的重要性，下定决心建设自己的仓储物流系统。

自建物流需要大量资金，这些年，刘强东先后进行了几轮融资，大部分资金都用于此。截至目前，京东庞大的物流体系已经初见成效。全国 3 万多名配送员，每天忙碌于全国 1000 多个配送站，为用户提供最快捷的服务。而物流优势，也形成了其他人不能轻易超越的鸿沟，形成了自己独特的优势。

京东的进化能力，还体现在它适应市场环境、不断壮大自己的过程中。京东商城上线之初，主要经营 3C 类电子产品，和当初线下业务差别不大，只是将生意从线下挪到了线上而已。随着京东的发展，刘强东迫切地感受到，走垂直发展道路，只经营单一品类，不利于增加客户数量、形成规模优势。所以刘强东将京东进化成一只电子商务"超级航母"，经营上千万种产品，满足用户吃穿用住行各方面的需要。

思考与启示

有的企业就像恐龙，看起来是个庞然大物，处在行业上游，不可一世，但是适应能力较差，不能随着环境的变化不断进化，最终随着时间流逝被淘汰，只留下博物馆里一具供人观赏的骨架。最好的企业应该像杂草，环境再恶劣，也能疯狂生长。

10 顺势而为

说是赌一把，其实也不尽然，2004 年我做了很多研究，受到最大的启发就是对供应链效率和成本的认识，我发现 100 年来全世界商业的发展都是围绕着这两条线，每一种新模式出来的时候，只要能够提升效率，压低成本，就会颠覆旧有的模式。

——2009 年刘强东接受《创业家》杂志采访时如是说

背景分析

当年，刘强东因为"非典"偶然接触到电子商务，随即决定放弃连锁店生意，专攻电子商务。公司的许多人听到刘强东的决定，纷纷摇头。当时，中国的连锁店零售模式正如日中天，按照国美的模式发展下去，京东也许就是下一个国美，刘强东也许就是下一个中国首富。放着这样的阳光大道不走，偏偏将宝押在前景还不明朗的电子商务上，难怪大家都要大呼看不懂。

其实，刘强东比别人更了解盛极必衰的道理。他深知，要顺势而为，并不是在某个行业已经发展到极致的时候再插足，而要在那些刚刚崭露头角，竞争还不十分激烈的行业中施展拳脚，才有更多赢的可能。

刘强东并不是个疯狂的赌徒，在决定转型之前，他也做了大量的市场调研，以证明他的决定顺应趋势、潜力无限。首先，刘强东给公司的定位非常清晰，不管是线下还是线上,京东曾经是以后也还会是一家零售公司,选择电子商务的方式,只是改变销售渠道,并不会改变公司的性质。京东的零售属性,决定了刘强东必须在降低成本和提高效率上做文章,而在这两方面,线上都比线下优势明显。网上零售能够省去房租、水电等费用,也不需要像连锁店一样为销售人员支付大笔开支,成本优势明显。算完这样一笔账,刘强东心里有底了,他清楚自己又找到了一种更好的商业模式,于是他才下决心放弃连锁店生意,一心一意做电子商务。

也许在刘强东心里,未来的京东一定与今日之京东不同,尽管他还不十分清楚,那时京东的具体样子,但他深知,环境变化,京东就一定会随之改变。

思考与启示

一些创业者喜欢凑热闹,哪个行业炒得热,就想做哪个,最后经不起大浪淘沙,白白死在沙滩上。一个企业的领导人,眼界多少要高一点,望得远一点。看得见大势,自然寻得到人少车马稀的大道。

11 专注细节

我们每一个打包员,打完包都要在扫描机上扫描一下,告诉它这个包是我打包的。 这样一来我们得到非常多的信息,就这一个动作的话,我们就能知道,这个打包员一个月下来之后,你浪费了公司28米的胶带,我们都能算出来,你浪费了16个6号纸箱子,因为我们纸箱子有1～6号不同的规格。

——2011年刘强东接受王利芬专访时如是说

背景分析

刘强东曾经在接受媒体采访时表示,他比较喜欢招聘工薪家庭的孩子,这样的员工大多吃苦耐劳,符合京东的价值观要求。但是刘强东还有一点没说,穷人家的孩子早当家,穷人家的孩子会算计,出身农民家庭的刘强东应该对这一点深有体会。这样的家庭背景和成长经历,注定了刘强东从小就磨炼了做零售生意的素质:注重细节,精于算计,有能力将已经很低的成本降到更低。

举个例子。用户在网上购买的产品都需要打包邮寄，需要经常用到包装箱。如果不分产品大小统一使用同一规格的纸箱，就会浪费材料，纸箱里还需要填充更多的东西才能固定产品。更大的纸箱还占用更多空间，增加运输成本。为了有效解决这个问题，京东将包装箱细分成六个规格，对多大产品使用哪种型号的纸箱做了严格的规定，这样就有效减少了浪费。为了让员工严格执行规定，刘强东将打包员姓名、产品名称、使用纸箱规格等项目都列入公司的信息系统。这样，哪个员工一个月浪费了几个纸箱都可以一清二楚地在公司的系统中查询到，起到了有效的监督管理作用。当然，也有一些无法录入信息系统、靠技术无法解决的问题，就要靠经验和智慧去摸索解决之道了。比如，京东的条形码和订单上都有对应的数字，这样工作人员就能更容易把一件商品的两张单子放在一起，不会因为打印机卡纸等无法预见的原因而配错对。

千万别小看了这些不起眼的细节。京东能够一直坚持全行业价格最低，敢于向其他电商挑起价格战，全靠在这些细节上做足功夫了。

思考与启示

越是大企业家，越"小家子气"。成功的企业家，不仅要在大方向上把好关，更要在细节处见真功。细节关乎品质、成本，细节是企业成功的 DNA，小到看不见，作用却大到无穷。

12 坚持是成败的唯一差别

你把你的生命投入，可碰到的坎坷真的很多，你会感觉生命在被摧毁。 所以大部分人创业中途放弃是可以理解的。 但是，成功创业者和失败创业者的差别就在于坚持。

——2014 年刘强东接受《财经》杂志采访时如是说

背景分析

一路走来，刘强东和他的京东也曾几经危机，其中不乏坚持不下去的时候。

第一关是 2003 年，"非典"横扫中国。刘强东正在运营 12 家连锁门店，北京、上海、沈阳都有。公司有 60 多个员工，囤了几百万元的货。这是刘强东的惯用手法：先自己出钱，批量从供应商手里拿货，再零售。这样拿货的价格更低，利润更丰厚。这一次的"非典"危机，却让刘强东吃不了兜着走了。眼看货砸在手里，员工工资都开不出来，刘强东除了咬牙坚持别无办法。后来试着在网上卖产品，也是折腾了几天无人问津，直到一个论坛的版主发声，说京东从来不卖假货，生意才一点点好起来，这一关也总算挺了过去。

第二关是 2008 年的金融危机。刘强东几乎到了弹尽粮绝的地步，公司举步维艰，刘强东一想到那些跟着他、相信他的员工，可能因为公司倒闭丢了饭碗，愁得一夜白头。你看现在刘强东额前那小撮白头发，就是当年苦难的见证。愁归愁，刘强东可没打算放弃，先后见了 40 多个投资人，这份勇气确实可嘉。直到 2009 年雄牛资本注资，刘强东才松了一口气。

创业十几年来，刘强东面对的艰难时刻何止这两个。一个成功企业家背后的艰辛，只有刘强东自己心知肚明。刘强东喜欢开着越野车穿越沙漠，他说穿过沙漠的时刻，一下子明白了，原来什么都是浮云。只有战胜恐惧，将所有困难都当成浮云，才能最终坚持到底！

思考与启示

创业路上总有坚持不下去的时候，一定要保持乐观心态，积极寻求解决办法。俗话说，"车到山前必有路"，要善于转换思维，在绝境中挖掘机会。

13 认清自己的创业动机

世界上有很多赚钱的方式，如果你创业的动机没有超过对金钱的向往，那我觉得你可能很难成功！如果开始了创业，当你遇到挫折将要放弃的时候千万不要放弃，可能这个时候离成功很近了！

——2013 年刘强东在清华大学演讲时如是说

背景分析

刘强东是苦孩子出身,据他说上大学兜里只揣了 500 块钱,曾经连续一个星期不去食堂,只吃从家里带来的鸡蛋。但是这个苦孩子从不缺少赚钱的本领,实际上凭借聪明和努力,他的大学生活非但不艰苦,反而滋润得很。

大一的时候,刘强东坐在男生宿舍的厕所边,创下了一个周末抄写四万份信封的纪录,纯收入几百元。要知道,当时是 1992 年,20 多年前普通工人的工资也不过如此。大二的时候,刘强东又开始骑着他的破自行车,到各个高级写字楼里推销书。他把脑袋伸进办公室里,怯生生地问:您需要书吗? 就这种方式,一个假期也能赚到几千块,相当于普通工人一年的工资。大三,刘强东的计算机编程已经自学完成,赚钱方式也更有技术含量了。他利用晚上的时间,给别人写程序,一年就赚了几十万元,成了中国人民大学校园里最有钱的大学生。别人连两千块钱的 BP 机都买不起,他手里却拿着两万多块钱的大哥大,要知道,当时系里的老师都没有这么高级的装备。

通过以上描述,不难看出刘强东很有赚钱天赋,如果单纯为了赚钱,不通过创业,他也有许多其他路可以走。但这个外表质朴、内在聪明的青年,却认准了创业才是实现自身价值的最好方式。

如今,刘强东已有所成。他生活的中心依然不是怎样消费金钱,他笑称自己生活很简朴,全部的奢侈品就是几辆越野车,除此之外,他还是每天围着京东转,嘴上说着京东,心里想着京东。创业十几年来,让他骄傲的是京东,而不是象征财富的数字。

思考与启示

千万不要误会,为了赚更多的钱去创业,这句话并无错误。如果创业的动机里,没有一处与金钱有关,倒更令人难以置信。但是,如果赚钱成了创业的唯一目的或是最主要的目的,也容易导致失败。金钱容易迷人眼,欲速则不达。

14 勤奋中现天意

所以第一年基本上都是,所有的费用主要来自抄信封,我大概每周要抄个三天到四天，有的时候在 314 宿舍，因为晚上十点钟关灯了，但是走廊的灯是不关的，所以就搬个小板凳坐在地上，抱个箱子就开始在那儿抄。一万个信封六百块，写完一个心里就想三分钱。

——2014 年刘强东在中国人民大学演讲时如是说

背景分析

2013 年年底，消失了近一年时间的刘强东出现在媒体面前，整个人瘦了一大圈，看起来比以前帅气不少。据他自己说，这一年，他严格按照减肥食谱进餐，坚持不吃肉，坚持每天跑步，风雨无阻，甩掉 30 多斤赘肉，才有了如今这样苗条的身材。一个 40 岁的非演艺圈男人，能将减肥这么难的事做得如此漂亮，勤奋值得表扬。

京东公司有个例行早会制度。早会上，刘强东通过简短的会议，听高管们汇报公司的运营情况。早会从早晨八点半开始，刘强东总是在规定时间之前到达会议室，只要不出差，没有一天缺席过。最难得的是，他这个习惯已经坚持了十几年。刘强东的勤奋，给下属起到了很好的带头作用，整个京东就像一台不知疲倦的机器，十几年来一直高速运转。

刘强东一直非常在乎用户体验，在很多场合多次强调用户体验是京东的生命。京东刚刚起步、只有两千多个注册用户的时候，刘强东就每天晚上泡在网上，认真看用户的留言，还逐个给用户回帖。后来，京东的用户越来越多，刘强东没办法像以前一样给每个客户回帖，但是只要一有空，就赶紧上网看客户留言，然后在第二天的会上逐个列举用户反馈的问题，命令高管们马上解决。

刘强东勤奋的结果，就是对公司的各种数据了如指掌。他能随口说出京东商城目前有多少种商品，有多少个员工，账上有多少现金流。2014 年，京东成功上市，外界以为刘强东可以停下来休息了，可是他却一脸紧张地表示，京东将要面对的困难更多，看来，他只能一直勤奋下去了。

思考与启示

创业国度里，没有勤能补拙的逻辑。没思路，再勤奋也可能是白忙一场。但是光有想法、有远见，不去努力也很难达成目标。有思路的创业者，一定还要是实干家，能挽起裤腿弯下腰，能贪黑能起早，能和员工一起吃苦。

第二章 | 成长：不走寻常路

1 倒三角战略

2001年，我们30多个员工，截止到昨天是27452个人。到年底我们要达到四万人的企业规模。我的职责是让京东商城每一个员工、每一个同事，庞大的组织体系都不能脱离今天我讲的三角形。

——2012年刘强东在搜狐财经主办的未来大讲堂上发言时如是说

背景分析

2012年，刘强东参加了搜狐财经主办的未来大讲堂，详细谈了京东的发展战略，即倒三角战略。这个倒三角分成四个层面，从下到上依次为：团队，物流系统、信息系统、财务系统，成本、效率，产品、价格和服务。

从中我们不难看出，刘强东最为看重的还是团队。他曾经坦言，如果有一天京东垮掉，绝不是因为别的原因，一定是京东的团队出现了问题。作为一个企业的领导人，刘强东一直注重京东的团队培养，从高管到普通员工，都要接受京东的价值观培训和业务培训。京东还有一项独特的管培生制度，刘强东招聘那些刚刚走出校门、没有受过其他企业"污染"的大学生，给予高薪和股权，激励他们为京东贡献才智和力量。

而物流、信息和财务系统是刘强东为了优化供应链，着力打造的三大系统。其中，物流系统是刘强东付出心血最多的一项工程，从2006年启动自主物流建设开始，刘强东耗费巨资，也遭受了无数非议。直到现在，京东物流系统作用初现，那些当初的讥笑者才恍然大悟：做别人看起来最傻最笨的事，正是刘强东的高明之处。

成本和效率是京东竞争力的核心，也是助其成为行业龙头的最重要因素。刘强东能够获得一轮又一轮投资，能够得到客户认可，都源于其在成本控制上的强大能力，敢于承诺行业内成本最低的真实实力。低价带动销量，销量增加又可以进一步压低批量进货价，进一步降低成本，使整个公司处于良性运转之中。低价还加快了仓库的出货速度，提升了京东资金回笼速度。利用手中的现金流进行二次投资，从而赚取利润，是京东又一个鲜明的盈利模式。

处在倒三角最上层的是产品、价格和服务，这些方面都直接面向客户，但会受到下面各个层面因素的制约。言外之意,只有下面各方面都做好了,才有让客户满意的产品、价格和服务,才有京东光明的未来。

思考与启示

大道至简。时代发展,技术突飞猛进,做生意的朴素道理依然未变,还是重复过无数遍的以人为本、成本和效率、客户优先。抓住本质,勿要"乱花渐欲迷人眼",才能运筹帷幄、决胜千里。

② 公司永远不够快

市场不等人,公司永远不够快,一旦错过了,就永远错过了。

——2014 年刘强东接受《财经》杂志采访时如是说

背景分析

在外人看来,刘强东是个要速度不要命的人。京东的经营品种从最初的 3C 产品,迅速扩展到大家电、日用百货、图书、电子书等产品。公司的人数从最初的几十人扩展到 2014 年的近 5 万人。刘强东和他的京东,像喂不饱的巨人,迅速成长为巨无霸,同行们似乎还没有来得及摸清京东的底细,一个不能不面对的强敌已然站在面前了。

对于外界的生死时速说,刘强东很淡然。他甚至大大咧咧地说,大家觉得京东发展快,是因为京东以前名声小,影响力有限,外加没花钱做广告,所以大家都不知道还有一家叫京东的购物网站。这两年,京东做出了点名堂,客户量增长很快,所以大家会觉得京东好像一下子冒出来似的。其实京东 2004 年成立,到现在已经 11 年了。

插科打诨似的回答,笑笑也就罢了。如果真要认真回答,京东这些年在快车道上奔跑不止,还要时不时"超车",其实也并非刘强东本人有意为之,实属被市场牵着鼻子走。

遥想当初,刘强东只想一心一意做好 3C 产品这一块,但是很快他就发现,电商垂直发展的道路已是明日黄花,只有朝大而全的方向发展,才有前景可言。于是,刘强东一次次不顾众人反对,一意孤行地增加网站的品类,他甚至尝试在京东上卖农产品、汽车、房子,他要把京东打造成一站式的生活购物平台,实现他"地球村只需要京东就够了"的霸气目标。产品多了,客户多了,订单多了,仓储物流的问题就凸显出来了。公司越是壮大,刘强东就越是强烈地感受到,非建自主物流不可。这个目标也耗费他心血无数。

有媒体说,刘强东已经被速度绑架了,而真实的情况应该是:刘强东被市场绑架了。他只能听命市场的摆布,被市场的鞭子赶着,一刻不敢松懈地往前跑。别去问刘强东终点在哪里,因为他还没有停下来的意思。

思考与启示

公司的发展就是创始人的不断进步。一个公司发展速度越快,就要求他的领导者脚步越快,有时候甚至要不停奔跑,才赶得上公司的进步,稍有松懈,就有可能成为阻碍公司进步的绊脚石。

③ 与渠道商博弈

2005 年至 2007 年这三年我就做成功了一件事情,那就是供应商这块儿。 这个过程是很痛苦、很曲折的,能取得成功根本的原因是利益——我有这么多终端用户,而且以每年 3 倍的速度增长,有用户就有销量,就不愁找不到供货商。 我们的低价虽然对传统渠道有冲击,但他们也有出货量的压力,因为有量才有返点,所以只要能卖掉,有时候他们不赚钱都愿意给我供货。

——2011 年刘强东接受《中国企业家》杂志采访时如是说

背景分析

京东的低价,获得了客户的掌声,却遭到了传统渠道商的声讨。有的渠道商实在没有其他办法,就出言诋毁,说京东商城的电子产品价格太低,不保证是正品行货,请广大消费者擦亮眼睛,千万别贪小便宜。还有的渠道商更激动,在网上发帖,威胁说要干掉刘强东。每每听到这些言辞,刘强东只是会心一笑,这说明他在和传统渠道商的博弈中占到了先机。

公司成立之初，刘强东就为京东定下了基调：一定要做到全行业价格最低。以低价带动销量，这是刘强东最基本的商业战略。为此，他不惜花重金自建物流，优化每一个细节以节约成本。这样，京东商城上的产品价格，总是以无法比拟的优势吸引着客户的眼球，但是让传统渠道商双眼冒火。他们觉得刘强东放这么低的价格出来，完全搅乱了市场的价格体系，甚至威胁到了自身的生存。但刘强东只是瞪着大眼睛，憨憨地笑着说，我就是为了彻底打碎原有的渠道价格体系而生的，不打破旧秩序，怎样重建新秩序？不重建新秩序，京东何以立足？

渠道商也不会乖乖地束手就擒。言辞激烈之外，他们也会针锋相对，和刘强东打打价格战。只是，每次只要他们一调价，京东马上就会出出更低的价格，而且不是低一星半点。老刘这种血拼到底的气势，彻底震慑住了传统渠道商和品牌厂商。

刘强东一方面打压传统渠道商，另一方面也试图努力和上游的品牌厂商合作。和传统的连锁店模式相比，品牌厂商向京东供货，不但不需要交进场费、装修费等费用，而且返款周期更短，算下来，向京东供货比向传统渠道商供货利润更高。利用这种有抑有扬的策略，京东能够与绝大部分的品牌厂商合作，实现双赢。

思考与启示

做生意不是做老好人。废除旧的规则总要有所牺牲，病树前头万木春，砍掉枯树，才能有更绿的森林。创业者要敢于挑战现有的商业秩序和商业规则，只有勇于进行破坏式创新，才能成为行业新规的制定者。

4 可以模仿，绝不复制

我既不希望京东成为亚马逊，更不希望它成为一个当当。 我想说的是拷贝任何一家公司的模式注定是要失败的，京东永远是京东。 比方说亚马逊在美国，它有它的创新，它有 Kindle，有它的云计算。

——2014 年刘强东接受《京华时报》采访时如是说

背景分析

对于外界"京东是中国亚马逊"的说法，刘强东表现出两种态度。第一种态度是高兴，亚马逊是美国国内最大的电商，京东愿意向亚马逊看齐，做好中国 B2C 老大。第二种态度是反对，京东不是第二个亚马逊，京东可以向所有优秀的电商学习，但绝不是其中任何一家的复制品。

刘强东如此旗帜鲜明地说明京东不会完全拷贝亚马逊的发展模式，并不是出于自尊心，不想嚼别人吃过的馍，而是出于实际情况定下的发展战略。中国和美国国情不同，企业的发展环境差异很大，注定了京东不可能完全照搬亚马逊的模式。那些亚马逊在美国屡试不爽的方式方法，拿到中国来很有可能水土不服。亚马逊进军中国市场至今已经长达十年，市场表现一般，就是最实际的证明。

以物流为例，亚马逊从创建之初到现在，都没有在自建物流上投入过多精力，因为美国的 UPS 很成熟，亚马逊＋UPS 就可以为客户提供好的一站式购物体验。但是中国的物流系统远不能和美国相比，第三方物流速度慢，服务无法保证，这迫使刘强东必须站得比亚马逊更高，花费更多的时间和资金，创建京东自己的仓储物流系统。一旦这个系统形成，京东的后方支撑能力将大大增强，带来更好的用户体验。同时，京东商城的物流也会向第三方开放，从而成为京东的利润来源之一。

京东超过亚马逊的另一个地方，就是送货速度。刘强东曾说，客户网购商品，只有两个想法，一个是正品低价，二是快点拿到手。为了让消费者更快收到商品，刘强东做了许多尝试，早在几年之前，他就尝试推出限时达、次日达服务。尽管因为多种原因，当日达、次日达服务还不完善，有很多瑕疵，有时不能按要求的时间送达商品，但是和亚马逊创办 15 年之后才开始尝试推出当日送达服务相比，刘强东仍然勇气可嘉。

思考与启示

那些日后成为范本的企业，无一不是走出了一条有特色的新路。学习其他企业的长处，也要根据自己的实际有选择性地接受，并且根据自身特点升华。不管三七二十一全盘接受，警惕消化不良，或者亦步亦趋成为其他企业的影子。

5 没有规模是万万不能的

　　小时候，我就觉得父母的商业模式做不大。 那种作坊式的方式，永远只能驾驶一条船，区别不过是把 40 吨换成 80 吨，再换成 120 吨。 他们为什么不创办一个船行，来赚租船的费用？ 那是我小时候的梦想，希望有一天自己能有几百条、上千条船，而且都在海里。 我曾经跟父母讲过，但他们听完后笑着说，这孩子疯了。

　　　　　　　　——2011 年刘强东接受《东方企业家》杂志采访时如是说

背景分析

　　刘强东的"规模化"情结或许是从小受父母做小生意的经历影响。从在中关村摆摊时起，他就十分注重规模化经营，一口气开了十几家连锁店。2004 年京东上线，刘强东更是发誓要在规模化的道路上走得更远。

　　2006 年，刘强东拿到首轮融资，第一件事就是扩充产品品类，将手机和数码产品运营上线，京东的销量随之大幅提高。等到第二轮融资入账，刘强东不但继续扩充产品品类，还着手建立呼叫中心，开始筹备建立自己的仓储物流系统。第三轮融资，正赶上金融危机严冬已过，电商发展的春天到来，刘强东一口气拿下 15 亿美元的融资，依然选择在物流仓储等硬件建设上投入。现在，京东已在美国纳斯达克上市。

　　京东的规模扩张，还体现在员工规模的急剧扩大上：2004 年初刚刚上线时京东只有 30 个员工，2007 年增加到 200 个，2013 年达到 3 万人，现在即将突破 5 万人大关。

　　从中关村的小摊贩，到现在的电商大鳄，有人说，刘强东是在烧钱，有人说他被野心绑架，只有刘强东自己明白，做大规模是唯一的选择：只有规模够大，才能吸引消费者；只有规模够大，才能在和供货商的谈判中有发言权；只有规模够大，才能控制整个产业链；只有规模够大，才能在新建立的行业规则中获得话语权。还有更重要的一点，只有规模够大，才能获得更多利润。

　　事实也证明，刘东强的选择是正确的，随着规模不断扩大，京东营业额迅速提高，亏损逐渐减少，正像一位资深业内人士预测的那样，当京东的销售额达到 30 亿美元以上时，京东盈利的时刻也就到了。

思考与启示

越大越不好控制，越大越难把握方向。正是由于存在这样的思想误区，许多创业者甘愿做一家小而美的企业。实际上，这是不现实的。小，就没有足够的竞争力，也就不具备抵抗风险的能力。一旦危机来临，最先倒下的往往是那些小型企业。

6 质疑不止，成长继续

我们从来没有为任何一家媒体的报道、任何一个质疑的声音（改变我们的想法），哪怕全天下都质疑，我们从来没有改变过我们的想法，更没有改变过我们的战略。

——2012年刘强东在中国人民大学演讲时如是说

背景分析

如果把焦点都放在对别人的品头论足上，就没精力做正事了。刘强东深知这一点，从来不会把媒体或是对手对他的评价放在心上，对于这些年从未停止的唱衰之声，他选择沉默，只用不争的事实来堵住悠悠之口。

总结起来，刘强东这些年受到的质疑主要有三点：烧钱、资金链断裂和自建物流。

京东2004年正式上线，到2014年已经走过了11个年头。期间，刘强东先后进行了几次融资，最高的一次融资15亿元人民币，但是刘强东把这些钱都用来建立自己的仓储物流系统、和对手打价格战，却一直没有实现企业最重要的盈利价值。于是外界纷纷指责刘强东烧钱，说他绑架了投资人。对此，刘强东的解释是，如果他只是烧钱，为什么一直会有投资人愿意给他投资？起初的投资人不了解情况可以理解，难道所有的投资人都是傻子吗？2013年前三季度，京东终于实现了微盈利，打破了数年来的"烧钱说"。

受"烧钱说"影响，外界一直猜测京东资金链紧张，正处在资金链断裂的边缘。而实际上，这些年刘强东虽然一直大手笔地烧钱，手中的现金流却非常充沛。就算是2008年经济危机时期，刘强东手里也攥着70多亿元现金。2014年，京东在美国上市后,刘强东对媒体表示,因为京东目前资金充足,短期内不会再考虑融资。

京东遭到质疑的第三个方面就是花费巨资自建物流。做电商不努力包装产品,把工夫和资金都用在仓储物流等后台建设上,简直是电商异类。现在,京东物流系统规模已成,作用初现,大家才明白原来刘强东看似蠢笨,实则是大智若愚。将来,自建物流除了可向第三方开放,为京东赚取利润外,还会在京东的客户体验、终端促销中发挥更大作用。

思考与启示

人红是非多,企业也一样,有表扬夸奖,就有质疑贬斥。关键是这个企业的领导人,能否做到不以物喜、不以己悲,不带任何感情色彩去经营企业,用实实在在的业绩回击非议。

⑦ 注重过程而非目标

对于我来讲,融资也好、上市也好、盈利也好,我都把它看成一个自然的过程,这点可能是很多媒体不能理解我的。 我不追求明天要做多少效益、多少毛利润等,包括我明年的销售额,其实我们是基于过去的历史数据推算出来的,不是我们的奋斗目标,我们从来不会做一个奋斗目标。

——2011年刘强东接受《京华时报》采访时如是说

背景分析

如果你问刘强东京东的目标是什么,那说明你还不了解他。他看重的是过程,他会跟你说所有的目标都是过程自然到达的结果,不用着急,做到了自然就有好结果。

京东的领导层都知道,刘强东从来不会给他们摊派什么硬性的目标,比如今年的销售额要达到多少、必须实现多少利润。刘强东看重的不是这些,也不会花时间制订那些毫无意义的目标。他更看重发现问题,会要求下属以最快速度解决问题。

谁都知道刘强东看重低价,但这种低价是理性的,不是只要发现有比京东价格低的,就登陆后台不计成本马上改价格。京东的低价是建立在不断降低成本基础上的,刘强东甚至要在多大的产品使用多大的包装箱上斤斤计较。把这个过程夯实做好，价格自然就降到了全行业最低。

刘强东更看重盈利，但是京东的前十年，都没有尝过盈利的滋味。他曾经说，如果想盈利，随时都可以，但他不会人为地制订目标，破坏京东的自然发展规律。京东会在适时的时候盈利，而那一天到底何时到来，取决于京东自身的发展，不是某个人可以主观决定的。

当然，看重自然发展过程，并不是说刘强东对公司发展实行自由放任政策，实际上，他就像一个驾驶员，开着一辆速度飞快的汽车，时刻都要掌握好方向盘：京东的仓储物流能力怎样继续提高、如何为消费者提供更低价的正品、怎样提升用户体验，每一天他都要面对无数问题，解决这些问题的过程就是京东自身发展的过程。总有一天，问题都得到解决，京东的目标也就实现了。

思考与启示

企业的领导者当然应该为企业制订目标，但更重要的是，制订能实现目标的具体方案，而且方案要得到有效执行，这样才可能实现既定目标。

8 借力打力

我们在无线上也不用花太多钱，因为我们用股份对未来做了投资。

——2014 年刘强东接受腾讯科技采访时如是说

背景分析

刘强东的野心是如此之大，以至于单凭他一己之力很难实现，借助外力是唯一的选择。

2014 年 3 月，京东上市前不久，刘强东对外宣布，京东将与腾讯结盟。这无疑是电商界的一件大事，两个超级大佬联手，更加壮大了两家企业的声势，也给对手制造了沉重的负担。

手机移动端将取代 PC 机，成为未来网购的主流，这一点连普通老百姓都心知肚明,作为业内资深人士的刘强东,自然也不能不放在心上。遗憾的是,这些年刘强东的心思多用在控制成本、建设自主物流系统上面,京东的移动业务这一块并没有过人之处。在这一点上,刘强东没有像当初自建物流一样,选择最笨最傻的方式,一点一点从头做起。移动业务和物流不一样,发展速度飞快,如果真要再花费数年时间建立,恐怕到时候连残羹冷炙都抢不到了。谁能以更快的速度占领市场,谁就是胜利。基于此,刘强东才决定与腾讯联手,强强联手互惠互利。

经过协商,腾讯获得了京东商城的少部分股权,刘强东则可以坐享腾讯已经初具规模的电商产品。京东将腾讯旗下的 B2C 网站易迅网合并成自己的子公司,扩充了京东 B2C 业务的规模。同时,京东还收购了腾讯的拍拍网,填补了 C2C 业务,业务模式更加丰富。更重要的是,通过这次合作,京东将获得腾讯微信和手机 QQ 的一级入口位置,凭借腾讯海量的客户资源,大大提高自身的无线访问量。

与腾讯结盟只是刘强东善于借助外力壮大实力的一个例子。除此之外,刘强东还善于运用外部的资金和人力,助京东迅速发展。

当然,刘强东也是一个慷慨的人,与他合作,总是收获颇丰。2007 年,今日资本总裁徐新决定给当时还没多大名气的刘强东投资,当时刘强东就表示这会是她最成功的一次投资,一定赚到 10 倍不止。2014 年京东上市,刘强东实现了诺言,徐新赚得盆满钵满。而京东的高管们,无不拿到了高于业内平均水平的工资,还有京东的股权。

思考与启示

一个企业就算再强大,也总有软肋。企业的领导人要懂得"大树底下好乘凉"的道理,用他人的长处补齐自己的不足。与他人合作要讲诚信,利益均沾,这个世界上没有傻瓜。

9 京东的历史是不断超越"巨人"的历史

京东最不缺的就是超越,京东人最不怕的就是行业巨头,其实我们每天都在挑战,我们在进行自我挑战,不断刷新自己的纪录。 我们的成长过程就是超越一个又一个竞争对手,才走到了今天。

——2013 年刘强东公司内部讲话时如是说

背景分析

总结京东的发展史，好比跑一场障碍赛，不仅要奔跑，还要跨越一道又一道障碍。总是有新的对手出现，自己越强大，前面的对手就更强大，为此，刘强东只有奋力跨越，才能不被栏杆绊倒。

刘强东 1998 年下海，赤手空拳，除了几尺柜台什么都没有，想要打败年营业额高达几千万元的中关村同行，无异于堂吉诃德——手中没有任何武器，却想要打败强大的对手。但刘强东实现这个别人眼中的"妄想"，只用了短短三年时间。他的武器只有一个：讲信誉，在乎用户的口碑。

后来，光磁耗材行业日薄西山，刘强东考虑到渠道下沉，转战零售行业。那时候，正是黄光裕成为中国首富、苏宁国美如日中天之时，京东这个名不见经传的小公司，甚至连上场比试一下的资格都没有。刘强东倔劲上来，又有了斗一次的想法。他用两年时间就开起了十多家分店。要不是"非典"的契机让他一头钻进电商领域，恐怕现在刘强东的 IT 连锁店已经不比苏宁少了。

2004 年，京东多媒体更名京东商城，誓在网上零售领域开拓新天地。当时，他只想做 IT 产品，于是年销售额超过 10 亿美元的新蛋网成了刘强东的新对手。京东的武器仍然是正品低价、速度快、服务好，除此之外还有京东人的团队精神，他们是以刘强东为首的一群家世普通的年轻人，以超过其他企业的勤奋和吃苦耐劳，为京东积累了越来越多的客户，带来了越来越多的订单。

随后，京东涉足 B2C 领域，成功超越当当和卓越，到现在，面前更强大的对手只剩下淘宝一个。刘强东坦言，淘宝很强大，和淘宝相比，京东还有很大的差距。但是也正是这种差距，最能激起刘强东的胜负欲。未来，且看刘强东如何"跨栏"。

思考与启示

任何一家优秀企业的发展史，都是不断超越的历史。它们要超越的，不仅是行业中的其他企业，更是它们自身。只有有勇气不断超越自己的企业，才能实现一次又一次飞跃。

10 三大方向给企业指路

这三个新的业务方向，都以技术为驱动，也都将带来丰厚利润。一家亏损的企业是可耻的，但如果太急于赚钱，以至于不敢投资、没有野心、没有梦想，这样的公司是无知、悲哀和愚蠢的。

——2013年刘强东公司内部讲话时如是说

背景分析

十年是一段不算短的时间，人们喜欢以此为节点，总结过去，畅想未来。企业也是如此，一个企业经过了十年发展，确实应该认真回顾发展历程，仔细思考未来的发展方向。

2013年，是京东的第十个年头。年会上，刘强东向两千名员工喊话，总结了过去十年京东的发展历程，阐释了京东第二个十年的三大发展方向。他希望全体京东人以这三大方向为指引，发挥好作为京东一分子的作用。

第一个方向是以技术为驱动的自营电商。这是京东的命脉，与淘宝的运营模式有本质不同。淘宝好比中介，买家自愿在淘宝开店，淘宝通过收取服务费赚钱。至于店家也就是第三方是否赚钱、是否卖假货、是否恶性竞争，淘宝都没有有效的监管机制。而京东的自营业务，是自己先出钱从厂家进货，再把商品卖出去，说白了，京东提供的服务，是将货物从品牌厂商手中一直送到客户家中的全过程供应链服务，需要有强大的仓储物流、信息技术支持。十年磨一剑，刘强东用了十年时间，造就了京东提供最优供应链服务的锋刃，成为置对手于刀下的最好武器。

第二个方向是向第三方开放的平台服务。刘强东承诺，将以同等的态度、同等的服务对待自营产品和第三方品牌。未来，这两者将成为京东的两只"翅膀"，共同助力京东腾飞。

第三个方向是为客户提供数据金融服务。互联网金融正冉冉升起，渐成燎原之势。电商大佬无不盯着这块肥肉垂涎三尺，刘强东也不例外。在这方面，他高于其他电商的，就是京东掌握的大量用户信息，未来这些真实、可靠的数据可以成为京东向客户提供信用贷款的依据,丰富京东的盈利模式。

纵观刘强东的三大发展方向,有两大特色非常鲜明。一是都以数据为支撑。看重技术、重视数据,贯穿京东的过去,也必将贯穿京东的未来。二是利润丰厚。尽管刘强东一直强调不着急赚钱,也做了十年不赚钱的生意,但是想必他心中对何时开始赚钱也早有打算,从他的发展路径中,就能看出这一点。

思考与启示

站得高才能看得远。只有把企业放在整个市场的发展环境之中,整个中国的发展环境之中,整个世界的发展环境之中,才能为企业发展指明路。

11 将钱烧在有用的地方

烧钱有两种烧法:一种是把钱扔到水里去,那是对投资人不负责任的行为。 京东的烧钱是建了大量的物流中心和信息系统,不是把钱扔到水里去,而是实实在在转化成了公司未来的核心竞争力,转化成了用户体验的不断提升,我们烧钱都烧到这儿了。 为用户体验烧钱,我觉得值得。

——2013年刘强东接受《财富》杂志采访时如是说

背景分析

刘强东说,只要愿意,京东明天就可以赚钱,今天不赚钱,是为了明天赚更多的钱。这话很绕,却很有深度。

刘强东从做生意的第一天起,就本着诚实守信、以客户为先的理念。他深知,客户是企业的生命,没有客户,一切都是枉然。创业十几年,从京东多媒体到京东商城,刘强东一直都在努力提高京东在客户心中的地位,什么时候客户买东西第一个想到京东就好了。

网购与到实体店购买最大的不同,就是不能在第一时间拿到商品。哪家电商能在最短时间内将商品送到客户手中,就会在客户心中大大加分。这也是刘强东最开始决定自建仓储物流的出发点。现在,京东能够在30多个城市实现当日达服务,在100多个城市实现次日达服务,成为客户心中最"快"的电商。未来,京东苦心建立的自主物流配送系统,还会发挥更大的作用。

建立精确有效的信息系统,则不仅能够提升效率,进一步强化京东的"快",更是控制成本的有效方法。为了建立起一套精确、完整且效率高的信息系统,京东不惜花费巨资组建自己的研发团队,自主开发最适合京东的信息系统。有了这套系统指挥,京东就像一台滴答摆动的时钟,有条不紊,不会慢,也不会出错。

思考与启示

好的企业不能像一捆柴,烧得轰轰烈烈,瞬间化为灰烬。好的企业要像炭,慢慢积蓄能量,越烧越红,越烧越旺。成功的企业家,不能太计较眼前利益,投资未来,才能获得大回报。

12 自营更赚钱

京东有两种业务模式,一种是自营,一种是第三方开放平台。 绝大部分媒体,包括很多投资人都一直认为,自营吸引流量,不赚钱,京东将来赚钱主要靠第三方。 这是不对的,我们将来赚钱大部分还是靠自营。 这些人根本不懂这个行业。 非常简单,自营做了价值链条的一半,第三方只做了 20%,截了客流而已,仓库没做,品质控制没做,你要赚更多的钱? 这个世界上还有没有道理了?

——2014 年刘强东接受《创业家》杂志专访时如是说

背景分析

和自建物流一样,京东的自营电商业务也曾经被外界评论为又粗又笨。马云的钱赚得巧,就是提供平台服务,收取租金,完全不用操心库存、利润、用户满意度。刘强东却要把商品从出厂到用户手中这一段全做一遍,存在费力不讨好的风险。也许是京东的一片赤诚打动了客户,根据中国互联网络信息中心的调查数据,京东已经成为用户满意度最高的在线零售公司。这其中,自营业务功不可没。

电商较量,比的就是用户满意度,京东走自营电商模式,就是为了在所有环节掌握主动权,提高用户满意度。淘宝撒手不管的模式固然轻松,但是也在某种程度上放弃了对客户的责任,存在损害客户利益的风险。京东为了避免这一风险,采取自主经营,这样就能严格把关产品质量,进一步降低产品价格,同时还能利用自有的物流配送系统提供最优的服务。在网络零售领域,京东不是最早的进入者,却能够后来居上,和它的自营模式分不开。

自营业务除了带来不断攀升的客户数量、高质量的用户体验,还能间接为京东的发展带来多重有益影响。比如,自营业务所形成的海量的客户信息,将成为京东其他业务发展的可靠保证。京东的自营性质确保了这些数据的真实性,通过这些真实有效的数据,京东就可以在互联网金融、互联网农产品等领域大展拳脚。

思考与启示

企业很多,赚钱的方式也是多种多样。有的企业赚钱巧,有的企业赚钱快,但是无论采取何种方式,都要根据企业自身情况而定。

13 垂直发展行不通

过去我确实说过很多垂直的电商会倒掉,今天事实也验证了这一说法,大部分倒掉的企业基本上就是发展空间不是特别大的。 五年前我还说过,就是这一波三到五年大型电商的竞争,所以我个人认为 2014 和 2015 年这两年,整个电商行业会有大量的并购整合,很多小的平台公司,可能会跟别的平台进行合并,最后可能仅剩三到五家大的平台存在。

——2013 年刘强东美国游学回来接受记者采访时如是说

背景分析

不得不承认,刘强东有远见。当年,京东商城上线,只卖 IT 产品,做得风生水起,员工欢欣鼓舞,觉得京东可以一直在这条路上走下去了。连京东的投资人也跟刘强东说,要在 IT 产品这一块儿深耕,做到全国知名,让消费者都知道,买 IT 产品就得上京东。刘强东却瞪着眼睛跟所有人唱反调:垂直发展模式一定会死掉,只是时间早晚而已。

刘强东这里所说的垂直电商，指的是没有自己的品牌，只卖单一品类产品的电商。这类电商没有鲜明的特色，产品单一，即便客户数量稳定，发展空间也十分有限。而一旦市场上出现规模更大的电商，能够提供品类更丰富的产品，就会对垂直电商形成巨大威胁。消费者会选择产品更丰富的网站，以便一次性完成购物。

这些年，京东始终为"大而全"而努力。先是力排众议，京东日用百货上线，紧跟着是大家电、图书上线，现在又有了电子书，刘强东甚至还在谋划着整合各大商场超市的资源，推出京东生鲜超市频道，目前个别地区已经开机试运营。

与京东"大而全"的路子越走越宽相比，那些当年执着做垂直业务的电商，现在或是淡出消费者的视野，或是连年负增长，生死未卜。实践证明，京东这一次又选对了路。

思考与启示

市场是离我们更近的生物链，企业间的优胜劣汰每天都在上演。一个企业能存在，一定是因为它能为客户带来价值。毫无价值的企业没有长久存在的理由。

14 扬帆海外

我现在说说我心里面最后一个梦，这个梦实现了，我也该退休回家抱孙子去了。这个梦想就是国际化。

——2014 年刘强东在公司年会上发言时如是说

背景分析

2014 年，京东作为中国最大的 B2C 电商在美国纳斯达克上市，刘强东的夙愿终实现。接下来，刘强东要向他的下一个目标"实现国际化"努力冲刺了。不知道为了实现这个目标，他又要奋斗多少年，但是他说实现这个目标就可以回家抱孙子了，看来实现这个目标尚需时日。

对媒体宣布之前，刘强东早已开始为此做准备。2013 年他消失了很长一段时间，对外宣称去哥伦比亚大学进修，实际上，这次美国之行还有另一个目的，即为京东物色一批有留学背景、品学兼优的国际管培生，作为进军海外的人才储备。现在，京东的国际部已经成立，人数虽少，却个个是精英，不仅精通英语，还对电商有独特见解。

　　刘强东一向不是心急的人，实现国际化的步伐，他依然不打算走得太急。按照他的想法，还是要先观察形势再说，观察时间长短取决于时机是否成熟、自身条件是否具备。

　　选择哪些国家作为首批进军国家，刘强东也有自己的打算。英美等发达国家虽然经济发达，但是与中国的文化差距较大，贸然进军很有可能成为进军中国的亚马逊，水土不服导致亏损。最好选择距离较近的邻近国家，这些国家同属东方国家，自然环境、文化背景较为相近，成功的可能性更大。

　　刘强东也深知，比起选择合适的时机和作为切入点的国家，更重要的是加紧修炼京东的内功。京东不仅是一家网络零售公司，更是一家技术供应商。京东现有的几千名研发人员，正加班加点研发最新产品，未来，以大数据和移动互联网为核心的京东网络产品将陆续与大家见面。有了技术做支撑，京东的海外之路会更顺。

思考与启示

　　企业发展自有规律可循，到了什么阶段就做什么事。做大做强之后，就要寻求更大的市场，这是规律。固步自封，一味沉浸在做老大的喜悦中，很危险。

第三章 | 京东只允许有一个"山头"

1 团队是最宝贵的财富

最核心的还是我们自己，是京东这个团队。我们之所以能够不断超越，团队永远是我们最为宝贵的财富，我们第一个十年最引以为傲的是打造了一个优秀团队。团队永远是京东公司发展的基石，我们第二个十年对团队的关注依然是首要的任务，是我最主要的工作。

——2014 年刘强东在公司年会上发言时如是说

背景分析

京东有一个非常著名的倒三角战略，刘强东在多个场合提到过。其中处在最下层、最重要位置的就是团队。

从创业第一天开始，刘强东就非常重视"人"的作用。初次创业开饭馆，他就给员工涨工资、安装空调，贯彻"以人为本"的经营理念。尽管因为没有管理经验，首次尝试失败，刘强东依然初心不改。

京东商城上线之初，既没有核心技术，也没有雄厚的资金基础，有的只有京东人的努力。那时候，他们在一个居民区里办公，整天搬东西很扰民，为首的"强哥"和大家吃住在一起。大家起早贪黑，忙得不亦乐乎。后来，京东发展很快，超越了一个又一个对手，其中仍是团队作用最大。

怎样才能让团队的每个人都像自己一样拼命、努力地工作呢？刘强东的绝招是不仅仅靠嘴皮子忽悠员工。激励也许有效，但只有激励没有实际的奖励措施，久而久之员工就会反感。如果每个企业的当家人，都能与员工分享财富，给他们更高的薪水，给他们公司的股权，这样就不会有人离开，而是留下来与公司共患难。除此之外，还要努力拉近自己与员工的距离，最好打成一片，切不可把自己看成高高在上的领导者，拒员工于千里之外。近几年，京东的人员增长太快，刘强东也太忙，没时间和大家交流。尽管这样，他每年还是会抽出时间，和公司选出的基层员工代表吃个饭、聊聊天，听听员工的心声。他也会每年抽出一天时间，穿上红色的京东快递服，亲自做一天快递员，体验一线员工的辛苦。

思考与启示

很多人都把运转良好的公司比喻成一架机器,这台机器还是需要人来操控的。团队是企业的骨骼,骨骼健康,企业就不会倒。领导者要时刻关注团队,强化团队建设,确保团队的力量只增不减。

② 身教贵于言传

通过自己长期坚持,一点点传达给他们,并不是说把他们召集来给他们讲课。因为他们的职业生涯,很多人的经历,过去管理的团队,可能比我今天还要大、还要强。 所以在这方面我并不认为我能够给他们带来什么,可能需要管理理论的支撑,寻求外界知识体系的支撑。 内部主要通过我们共同的价值观和共同的文化,所以我们维系了一个纽带、一个基础。

——2011 年刘强东接受王利芬专访时如是说

背景分析

刘强东当年刚创业的时候,人们管他叫强子;后来公司大了影响力大了,熟悉的人都叫他强哥。强哥的"路子"是,做大哥的就要有大哥范,要求别人做到的,自己一定要先做到。别人的眼睛都是雪亮的,自己做到了,不用说别人就会跟着做了。

最能说明刘强东率先垂范的例子,当属京东的例行早会制度。这是京东成立之初就定下的规矩,刘强东为了及时了解公司各部门的运营情况,每天早晨都要听一百多个部门的经理汇报情况。京东的早会不是那种喝茶水、拉长声的"大尾巴会",而是有事说事、没事不用出声的短会,最长不会超过 40 分钟,平均 20 分钟左右。每天早晨,刘强东都会准时出现在会议室,风雨不误。有的时候,他在前一天晚上应酬到很晚,或是在公司里熬到很晚,经理们以为他早晨肯定起不来开早会。可是到会议室一看,刘强东已经站在那里了。尽管可能满眼血丝,他还是非常严肃认真地听汇报,不会走神,更不会打瞌睡。更难得的是,这个习惯,刘强东已经坚持了十几年。只要他不出差、没有活动,你早晨八点半一定能在京东的会议室里找到刘强东。

京东的老员工都知道，跟着强哥工作累，忙起来经常要加班，有时候节假日也要被占用，可是他们从无怨言，如果他们觉得累，那强哥一定更累。因为每一次他都不是发完号令就不见踪影，他要求下属做到的，一定自己做得更多，让人心服口服，为京东奉献最多的一定是刘强东，这一点没有人比得过他。

思考与启示

按顺序来排，身教要排在言传之前。自己先做到再要求别人，说服力更强。一个企业的领导者，应该是能踏踏实实做事的人，不要做夸夸其谈的空想家。

3 更关注一线员工

第二多的时间就是跟员工沟通交流。其实我跟高管沟通交流，真的是很少，跟非高管的员工交流，时间是最多的。比如我今年，今年是 2011 年，所以我说我要 11 次，请 11 个不同的站的配送员吃饭。

——2011 年刘强东接受王利芬专访时如是说

背景分析

相对于高管，刘强东的眼睛更愿意盯着一线员工。人员庞大的一线员工是京东的基石，刘强东深知京东的发展不仅靠高管，一线员工的作用更不可小觑。

刘强东和一线员工沟通交流，也是不走寻常路。他认为，选派上来的员工，很可能是高管们刻意安排的，专门挑选能说会道的员工，反而更不容易讲真话。创造机会随机和员工聊一聊，效果可能更好。现在京东的业务几乎遍布整个中国，在中国的大多数城市，都设有京东的配送站，都能看到身穿印有"JD"标志的红制服、骑摩托车的京东快递员。刘强东到各地出差，就会找机会"微服私访"。

他的"暗访"随机性很大，总是走到一处就临时做决定，马上下车到一个配送站走走看看，当地的区域经理和配送站的管理员根本来不及做准备。配送站的员工也根本想不到，刘总会在一个毫不起眼的日子突然到来。

这还不是结束。抽查结束后，他还会亲自挑选当地的一线员工，亲自安排请他们吃饭,不用当地的区域经理和配送站的管理人员陪同,就是要和最一线的员工聊聊天、谈谈心。至于怎样让这些受宠若惊的员工开口说实话,刘强东也自有妙招。他也是曾经的"穷二代",自然了解这些一线员工生活中的困难,聊天就从孩子上学、老家父母之类的话题开始,只要几分钟,就能调动起员工谈话的积极性。等大家的话匣子打开了,刘强东就什么都不说了,专心听大家谈工作、生活中的困难,听他们在和客户接触的过程中听到的意见和建议,听大家对于京东发展的好点子。他会很认真地记下这些话,回去之后认真思考。

思考与启示

有的人以为,所谓团队,只是一个企业最核心的领导层,是几个人。这是最错误的想法,把一线员工置于团队之外,将使企业的执行力大打折扣。企业的团队是所有员工的总体,大家要劲往一处使。

4 技术不是选人的第一标准

因为我不懂互联网,所以我用的人自然也不懂互联网。 比如到今天为止我用的手机还是飞利浦的,拿来给大家秀一下。 在市场上是一百多块钱,不能上网,不能收邮件,只能发短信。 其实我是三年前刚刚学会发短信的。 所以当一个不懂互联网的人去招聘一个更不懂互联网的人,我觉得没什么可奇怪的。 不懂互联网不代表做不好互联网。

——2011年刘强东接受《京华时报》采访时如是说

背景分析

刘强东有极强的洞察力,能够透过纷繁的表象看清事物的本质。所以,他在选人的时候,标准也很特别。诚实守信是第一条,不用多说,是否有互联网专业背景,他却不十分在意。这或许跟他对京东的定位有关,从本质上来说,京东仍然是一家零售公司,互联网只是零售的渠道,并不能改变公司性质。所以刘强东在招人的时候,看对方对零售的认识是否深刻自然要大于对互联网的熟知程度。而且,他自己就是个很好的例子，互联网"小白"一个，却"混迹"成 B2C 电商老大。

在刘强东看来，专业知识可以后天学习补齐，人品和能力却丝毫马虎不得，一定要筛选再筛选。他将京东的人才分成四个等级。人品和能力俱佳，是极品，发现之后一定要留住并且重用。人品好但是能力一般，可以先培训，工作一段时间观察一下，有提升可能就留下。人品好能力不行，跟不上京东快速发展的步伐，不能要。还有一种就是能力极强但是人品有问题，这种人就像铁锈，发现之后一定要及时清除，否则就会锈蚀更多的好铁。通过上述标准，刘强东对人才的好恶就很清楚了。

刘强东敢于重视品质和能力，将专业技术背景放在其次，还在于京东完善的培训制度。通过京东大量的公费培训，新进入京东的员工，尤其是高管，能力将得到极大提升，从而完全达到任职的要求。

思考与启示

一个企业能够做大做强，很大程度上取决于领导人挑选人才的眼光。有眼光的领导人好比伯乐，总能挑到千里马。千里马助企业飞跃，同时也让自己扬名于世，实现企业与人才双赢。

5 离职率为"0"不是好事

如果一家公司的离职率为"0"的话，这家公司一定会出现严重的问题。所以行业内，每年的离职率基本比较合理的水平都是 10％到 20％之间的一个水准，特别是这种有大量物流配送的行业。我们一直在一个比较合理的范围内。

——2011 年刘强东接受《京华时报》采访时如是说

背景分析

经常有爆料说京东员工离职率高，这里需要澄清一点。京东是国内一家比较特别的电商，特别之处就在于它已经花费数年时间建立起了自主物流系统。现在，在全国大多数城市，京东都有自己的仓库和配送站。在其他购物网站买东西，总是会收到第三方快递；在京东购物，一定是"火红"的京东快递小哥亲自送货上门。

因为配送人员不属于第三方快递公司，全都是京东自己人，这就造成了京东员工人数的急剧膨胀。截至 2014 年，京东已经有 5 万多名员工，其中在一线从事配送服务的员工就有 3 万多人。众所周知，物流配送行业是人员流动比较快的一个行业，加之京东员工基数庞大，外界时不时爆出京东员工离职事件，也就不足为奇了。

刘强东对外界的评论并不十分在意，在团队建设上，他的理念还算先进。一个团队如果人员流动太慢，或者为零，就好比一潭死水，时间长了就会发臭；适当的人员更新，就好比源源不断的活水，给企业带来生机与活力。

这些年，京东一直保持了较高速度的增长，据资料显示，京东曾经连续七年增长率超过 300%，连续九年增长率超过 200%，如此高速运转，对团队的执行能力是个很大的考验，也自然会有一些员工跟不上企业的发展速度而掉队。

对另一种希望找到更好的发展平台、获得更大发展机会的员工，刘强东则不介意京东成为跳板。京东有完善的培训制度，入职员工都要经过整轮培训，级别越高，培训的层次也越高，高管级别还可到北大、清华、国外商学院接受培训。刘强东曾经在接受采访时说，这些培训都是京东出钱，不用个人掏一分钱，经过培训后，如果对方觉得自己能力得到提升，可以到更大的公司工作，京东也不会向他们要一分钱。

思考与启示

强扭的瓜不甜。想要离开企业的人，即使用特殊手段牵制住对方，对方也不能再像以前一样全身心为企业工作。倒不如随性，该来的总会来，该走的放他走。

6 学会放手

比如前段时间你在微博看到我在美国，我在美国一个星期的时间，我接的公司电话，肯定是没有超过五通。他们每周只需要给我写一封邮件，告诉我过去那周做了什么，下周准备做什么，需要什么资源支持。对于我来讲，我能做的就是授权，带好方向，其他其实也做不了什么。因为他们的专业性，他们的业务能力，实际上都比我强，也无需我去太多地干涉。

——2011 年刘强东接受王利芬专访时如是说

背景分析

刘强东能走到今天，完全是勤奋努力的结果。然而太过勤奋，也造成他管理上的不敢放手，总把京东当孩子，认为自己一撒手，京东就有摔倒的危险。

起初，刘强东会利用自己的一切时间，插手公司的每一项业务，小到上网给客户回帖，告诉员工商务谈判什么该说、什么不该说。他就像个不知疲倦的陀螺，从这儿转到那儿，从不停歇。有一段时间，京东不断扩大产品品类，需要经常与供货商见面。刘强东怕下面的人办不好，总是亲自出马。

后来，京东的规模越来越大。刘强东也终于感觉到，就算他有一千只手、24小时不睡觉，也不可能所有的事都亲力亲为，至此，他开始思考"如何放手"。

第一关就是战胜自己对京东的"父母心态"。京东已经"成年"，可以独立，不需要刘强东事事挂怀。刘强东开始试着"脱离公司"。2008年起，刘强东有了一项新的业余爱好，开着越野车穿越沙漠。每年大概需要20天左右完全脱离公司。对他来说，这段时间不止是放松，更是为了考验团队，让大家慢慢学会没有他如何继续工作。他清楚地记得，第一年的时候，每天他都能接到无数的公司电话，请示他公司的各项业务问题。只要打开邮箱，几十封邮件迎面扑来，等着他处理各种问题。后来，他在旅行中接到的电话和邮件越来越少。现在，几乎没有人找他了。

2013年，刘强东玩起了时间更长的"消失"，京东总部连续几个月看不到他，甚至连原来的电话也无法接通。除了少数高管，谁也不知道他去美国进修的事。进修只是此次美国之行的目的之一，他还想通过这次机会，考验整个团队的运行能力。事实证明，现在即使刘强东放手，京东也可以一直这样平稳发展下去。

思考与启示

于那些存在百年甚至更长时间的公司而言，第一代的领导人迟早要迎来退休的一天。公司不仅仅属于一个人，还属于整个团队。要像个成熟的父母那样，不断淡化自己对公司的影响力，让它拥有独立生存的能力。

⑦ 信任乃用人之本

　　京东是一个充分授权的体系，我选择的是充分地相信。用他就相信他。在充分授权的体系下，集中反映到我这里来的问题其实很少很少。

——2013年刘强东接受《财富》杂志采访时如是说

背景分析

　　意识到应该对京东放手之后，刘强东果然华丽转身，站到了屏风后面。最近几年，刘强东除了对公司大的战略性决策把把关，在提高用户体验上出出主意，其余时间就是着手抓公司的文化建设了。至于公司各个业务部门的具体运营情况，刘强东选择彻底放权，当起了"老废物"一样的"贾母"。

　　做甩手掌柜不易，需要气度，需要对下属员工一百个放心。混迹社会多年，深知隐瞒与欺骗无处不在的刘强东，笃定地选择信任，是因为他更清楚，只有如此才能锻炼出一个强大的团队，唯有信任可以埋葬见不得光的一切。

　　事实胜于雄辩，刘强东的信任也并非空口无凭。IT数码产品是京东口碑最好、销量最高的"亮剑"业务。每年，京东的IT数码产品销售额都在200亿元以上，这也意味着这个部门每年的采购额也大体是这个数字。为公司采购200亿元的产品，刘强东却不需要签一个字，都是负责相关业务的副总裁来做决定。每年，京东的支出都超过千亿元，这些钱具体都花在哪里、怎么花的，无需经过刘强东的同意和签字，被授权的副总裁就能自己做主。有了这样的信任，京东团队的积极性被充分调动起来，工作效率非常高。

　　刘强东的信任之后，也跟着非常严格的惩罚措施。对于违背诚信之事，他也会严厉惩罚。比如，京东在和所有的供应商签署协议时，都会附加一条，如果向京东的员工行贿，将会被罚款，罚款数额是交易额的10倍。如果京东的员工接受贿赂，一旦发现立即无条件开除，而且京东还会向举报人奖励10万元现金。通过这种一手信任、一手重罚、刚柔并济的管理方式，诚信为本的价值观在京东生根发芽。

思考与启示

疑人不用,用人不疑,这是中国的一句古话。在当下的社会环境中,要践行这句话又是如此困难。但是,要带领一家企业从小做到大,管理者最不可或缺的一种特质,就是信任,否则,事事亲力亲为,企业可能永远都是个小作坊。

8 在乎员工的幸福感和满意度

在第二个十年,我希望看到京东人工作满意度的提升。 新的十年,我希望看到的是京东文化的传承、落地、深入;再过十年,我相信我们员工总数一定会远远突破15万,中国 1000 多个城市,都会有我们的同事。 新的十年,我们员工的满意度、幸福度将作为我最重要的考核指标,我相信只要员工们满意了,京东商城就一定能够提供最好的用户体验。

——2013 年刘强东在公司年会上发言时如是说

背景分析

"非典"肆虐的 2003 年,刘强东的连锁门店生意也不可幸免地受到冲击。有的老板承受不了亏损,硬着头皮坚持营业;一向胆大的刘强东却胆小起来,下令所有的门店关门休息。有人劝刘强东,"非典"不知道要持续到什么时候,养着这么多人,用不了多久就会被拖垮。刘强东不听劝,买了一面包车的方便面和矿泉水,将员工集中到一起,等疫情过去。公司可以不要,不能对不起这些跟着他、信任他的兄弟,有他们才有京东,没有人京东就什么都不是。刘强东在乎员工,相信员工满意京东就什么困难都能越过。

截至 2014 年,京东共有 5 万多员工,其中在一线做配送工作的员工多达 3 万人。他们的幸福感和满意度是刘强东最在乎的事情之一。尽管现在京东做大了,刘强东每天要操心的大事不少,但是只要是事关员工感受的事,再小他也会放在心上。有一次,京东的一个快递员因为天热中暑晕倒,刘强东知道以后非常生气,马上召集相关部门的高管训话:这么热的天,为什么不给快递员买西瓜解暑?别以为一个快递员热晕了是小事,京东绝不能做让员工寒心的企业。

人红是非多,刘强东在乎员工的这些小事,却被一些别有用心的人解读为炒作,是刘强东为了提高京东的知名度而做秀。对这些,刘强东从不出口反驳,做到了就不在乎别人说三道四。他为所有的京东员工缴纳养老保险和医疗保险,其中也包括一线的配送人员,尽管配送行业人员流动较为频繁,但刘强东仍然希望,就算他们只在京东工作一天,也要让他们对今天感到幸福,对明天感到踏实。

思考与启示

仁者见仁,智者见智,仁者必有智。只有懂得感恩、在乎员工的幸福的领导者,才能借团队之力,实现自己的目标。

9 京东有个"黄埔军校"

最满意的其实不是物流,而是管培生计划,只是物流我们说得比较多。 2007年我们拿到钱后做的第一件事是管培生计划,每周让高管给管培生上课,在业务上带他们,做到今年已经第八届了,这是为京东培养核心人才的事情。

——2014年京东上市后刘强东接受媒体记者采访时如是说

背景分析

京东有一项非常特别的管培生制度。每年毕业季,京东的人力资源部门都会拟定专门的招聘计划,到大学里招聘一批管培生。应征者不仅要品学兼优,更要吃苦耐劳,最好出身一般的工薪家庭,还有一点最重要,工作经历必须为零。一张白纸才好画最美的图画。刘强东就是要找到材质最好的白纸,画上他想要的色彩。

管培生的待遇的确特别。到京东报道以后,前半年不用做任何具体工作,先是到军队接受一段时间的军训,回来后再接受各种培训。刘强东也会亲自给他们授课,不讲书本知识,讲的都是实战经验,甚至怎么给客户敬酒,他都会亲授。经过半年培训,转年他们才可以参加工作。工作岗位不是由公司分配,而是大家自由选择。工作以后觉得自己岗位选错了也不要紧,因为半年以后,他们还有第二次自主选择岗位的机会,两年以后还会有第三次。通过两年三次选择，所有的管培生最终都会找到一个自己最感兴趣、认为能做好的岗位。

平时的生活中，刘强东也会尽量抽出时间和这些管培生交流。比如，刘强东会轮着和每个人吃午饭，晚上休闲健身，他也会带上管培生。趁着这些机会，刘强东和大家充分交流，不仅告诉他们做事的方法，更让他们建立起自己的思维方式。

花了这么多时间和精力培养起来的管培生，如果被其他企业挖走了实在可惜。对此刘强东却信心满满，丝毫不担心。他说，从最初到现在，管培生已经培养了几届，还没有一个人跳槽。这主要取决于两个方面。一个方面是优厚的薪酬待遇。管培生现金收入不低，足够他们在北京这样的大城市过上舒适的生活，除此之外，他们还会获得期权，这是一份更有吸引力的筹码。另一个方面是京东为管培生提供的良好的成长环境。他们可以在京东得到最大程度的锻炼，快速提高工作能力，这是刚刚步入工作岗位的年轻人最需要、花钱都买不来的。

思考与启示

一个企业的领导者，培养起一支听自己指挥的嫡系部队很重要。这有助于提高企业的凝聚力和向心力，保证企业在关键时刻目标一致，军心不乱。

10 给员工合理的期望值

这个我觉得是维系我们所有新入职的团队很重要的东西，他如果之前期望太高或者太低的话，我觉得来了都会出现问题。如果能把他的期望，跟他事实上看到的东西，基本上对等起来，我相信双向的选择最后就比较容易融洽地相处。而通过这种很坦诚的沟通，其实也是吓走了很多人，不敢加入京东。

——2011 年刘强东接受王利芬专访时如是说

背景分析

这些年，京东的员工数量增长很快。刘强东跟人力资源部门强调，招人的时候不能忽悠，一定要实话实说，把京东的实际情况讲清楚，把工资待遇讲清楚，再让对方自已决定来与不来。这样做的好处是,新入职的员工会对自己与京东的匹配度有一个正确认识,来了以后不会因为自己能力不够惴惴不安,也不会因为大材小用而后悔,保持一颗平常心工作。

刘强东亲自面试高管时也是如此。他跟打算来京东工作的高管说得最多的不是京东的发展前景有多好,或是给京东将给他们怎样的优厚待遇,而是来京东后的工作模式,让大家对未来的工作有一个合理的预期。京东虽然已经发展了十几年,但并不是一家非常成熟的企业,京东一直在高速前进,这也意味着高管来京东,将不可能像以前在微软、甲骨文等非常成熟的企业时一样,只要按部就班做好上面安排的工作就好。京东的工作更开放、更有挑战性。刘强东只会跟高管讲清楚三件事:你要在一定时间内达成什么目标,将有多少人听你指挥,你财务自由的数额范围。条条大路通罗马,至于你最后选择哪条路达到目标,刘强东不关心,更不会给你指路。刘强东坦言,他这种将困难说在前头的模式曾经吓走许多高管,但是只要是留下来的,就是接受了刘强东的领导方式,深知京东不会白白给人高薪;反过来,只要取得实绩,在京东就一定能得到自己想要的。

思考与启示

人们总是喜欢意外的收获,而对预期之内实现的目标不够满足。领导者要抓住员工的心理,给员工合理的期望值。

11 让员工了解我的缺点

其实也是缺点,就是不高兴的话,有时候当众批评人。 因为很多高管都是有一定社会地位的人,在行业内都很受人尊重,一批评,有时候当着很多员工的面批评,感觉很不好。 从管理上来讲,这是一个大忌,我不应该这么对待我的同事,但实际上我又改不了我这个脾气。 我没办法做到笑呵呵的,已经很生气了,我还乐呵呵的,请你到办公室,我们去聊个半小时,告诉你哪我认为你不好不对、做错了你该怎么办等等。

——2011 年刘强东接受王利芬专访时如是说

背景分析

刘强东是个极重效率的人,对事对人都是如此。他不会用整个早会的时间夸一个人,当然批评别人也总是直截了当,从不会婉转表达。发现某人出现错误,他甚至没时间把对方叫到没人的地方单独提出来,而是众目睽睽之下就指出来。雷厉风行的另一面就是在待人接物上不够圆滑,容易出口伤人。

有一次,一个高管犯了错,错误不算特别严重,但是违背了诚信为本的原则。刘强东脾气上来,满脸通红,瞪着眼睛,就开始批评高管。当时,高管部门的员工都在,在那么多下属面前被领导批评,面子上实在挂不住。高管毕竟不同于普通员工,有多年的名企工作经历,在社会上有一定地位,刘强东消气后,也意识到自己的行为有些过分,可难听的话已经出口,后悔也收不回来了。

这两年,刘强东也意识到,爱批评人,尤其是当众批评人,是个缺点。他也试着改掉这个缺点。可是本性难移,小事还好,要是真遇上让他生气的大事,他就会瞬间变回那个臭脾气的刘强东。

意识到自己这个毛病改不掉,刘强东索性跟大家摊牌。他对助理说,首先就要告诉那些来咱们公司应聘的人,他脾气不好,动起气来可能会当众批评人。如果对方接受了这一点,再进入下一招聘环节。有了心理准备,员工果然好很多,时间长了,他们也摸出一条规律:刘强东并不是乱发脾气的人,只要不违反他定下的几大原则,一般情况下他还是很和蔼的。

思考与启示

人无完人,有缺点才更真实。管理者向员工坦白自己的缺点,不仅不会影响自己的权威,大家反而会觉得你很真诚,容易相处。一味掩饰缺点只能让大家觉得你很虚伪。

12 不对员工保密

我们所有信息都是对内部高管公开的,对高管我们没有任何商业机密可言。 这样也让所有的同事，充分地了解这家公司：我们的现状是什么，我们面临的困难是什么，我们明天该怎么做，怎么达成目标。

——2011年刘强东接受王利芬专访时如是说

背景分析

比起其他公司，京东的透明度更高一些。在京东工作，不会有那种只有领导才知道的秘密，你可以通过正常渠道了解到你想知道的关于京东的一切。

刘强东希望，这种方式可以让员工更能找到归宿感。京东就是家，好与坏都无需向家人隐瞒。这种别具一格的企业文化在京东传承多年，京东的每一个员工都会因为深深了解京东的一切而自豪，不管职位高低，他们都会觉得自己与京东血肉相连，会为了京东的发展全情投入。

除了塑造企业文化、增加凝聚力，向员工公开内部信息也有利于大家了解公司运营情况，明晰各自的目标。近年来，京东从外部引进的高管不少，他们能力强、干劲足，唯一的缺憾就是对京东的内部情况不甚了解。为此，刘强东会向高管们公开公司的各种信息数据，这其中也包括对公司来说最重要的财务数据。公司每年有多少销售额、赚了多少钱、花了多少钱、算下来最后亏了多少钱，都有详细的清单，一目了然。

其实，在向高管们介绍公司运营情况这件事上，刘强东完全可以口头介绍，简单介绍一下公司的盈亏情况，让大家对京东有所了解，又不会过多透露财务数据。但刘强东不赞同这种做法。一是口头介绍会让高管们觉得他有私心，不是真心想让大家了解公司的机密数据。二是口头介绍很难说清楚，不如直接看数据一目了然。

让高管了解过于详细的京东内部消息，也确实存在风险。确实会有人跳槽去别处，将京东的内部数据告诉给其他公司。但是刘强东觉得，任何一件事情都存在正反两面，管理也是一样，不存在没有缺点的管理模式。关键要看优点和缺点哪个占大多数。对高管公开信息，虽然可能有泄密的情况发生，但那只是极少数情况，总体而言，这种方式在促进大家努力工作、达成预期目标上发挥的作用更大。

思考与启示

俗话说，没有不透风的墙。与其让大家通过小道消息了解公司的运营情况，不如主动公开，让大家觉得同坐一条船，没被蒙在鼓里。而且让员工多了解企业，可以增加大家对企业的认同感和归属感，增加员工的工作热情。

13 *360 度考核*

首先，我们每个季度，我们全体员工，不是高管，所有员工包括我在内，都会有360度的考核，而这个考核本身就是上级、平级、下级和下下级，等于四个级别体系，各种意见我们都有反馈出来。而最主要的，我们的考核后面，还会有员工的人工点评，都是无记名的。我们这个试卷，也是经过很多年的优化，甚至在外面请了很多专业的人力资源公司，帮我们不断地优化这个问卷，所以我们现在得到的考核分数，我觉得越来越跟实际水平相符。

——2011 年刘强东接受王利芬专访时如是说

背景分析

刘强东在大学时曾经开过饭馆。他给员工涨工资、安空调，最后却因为员工贪污倒闭。这件事对刘强东影响颇深，团队管理光激励不行，还要有制度保障。现在，京东有一套非常成熟的360度考核制度，尽管公司现在还在爬坡，事情特别多，但这项费时费力的制度一直得到严格执行。

京东的360度考核每季度一次，一年要考核四次。刘强东结合自己多年的管理经验，又专门聘请专业的人力资源公司参与，共同制订了这项制度的具体内容。在这个考核体系中，每个员工每季度都会得到来自上级、平级、下级和下下级的评分，最后汇总得到一个综合分数。通过每年四次考核，一个员工每年的考核分数是上升或是下降，就能非常明显地反映出来。

京东的360度考核制度，还附有调查问卷。下属可以通过无记名的方式，对上级进行人工点评。通过这种方式，高管可以了解到自己没注意到、下属员工又不好意思说的不足之处。上级高管也可以通过这些点评，了解到自己下属的工作状态。

这套体系听起来非常繁琐，但是因为考核系统设计合理，实际操作起来并不需要太多时间。需要为最多人打分的副总裁，每个季度抽出一天时间就可以完成。

360度考核制度在京东已实行多年，到目前为止都发挥了非常好的促进作用，证明这套考核体系行之有效。刘强东说,未来京东还会一直做下去。

思考与启示

  企业要人治,更要法治。一套行之有效的考核体系,能够有效弥补"人治"的不足,让企业运营更平稳。领导者要根据企业的行业特点、运营情况,制订一套接地气、可行性强的考核体系,确保团队有"法"可依,有"法"必依。

第四章 | 绝对不放弃控制权

1 创业者不能回避投资

有很多创业者，一辈子不敢跟投资人打交道。大家千万不要忘记，社会的争议伴随着每个企业的发展，也不可能避开资本。百年家族企业，人家存活400年了，传承12代了，没有拿别人钱，不还照样活吗？但英国有自己的家族文化，能把儿子教育好，能把他孙子教育好，能把他12代以后的后代教育好。但在中国，不知道有几个富二代能教育好？

——2012年刘强东接受《中国企业家》采访时如是说

背景分析

京东从一家不起眼的小电商，迅速崛起为行业巨头，没有像阿里巴巴那样占得先机，没有百度的技术优势，自建物流和能打"价格战"，是它的两个铁拳，但这两项都需要烧钱。难怪刘强东会说，有钱不一定有用，没钱却是万万不能的。

刘强东也不是一开始就知道融资的好处。京东上线头几年，他手里一直都不缺现金，甚至一度以为凭自己的钱就能让京东发展壮大，直到不久以后危机来临。2007年，刘强东已经意识到只卖3C产品不但利润低，也不利于增加客户量，不是长久之计，从长远考虑必须扩大产品品类、实现规模化经营。刘强东自己手里的现金对建立"大而全"的公司来说简直是杯水车薪。资金缺口太大，刘强东开始考虑怎样通过正规渠道筹措资金。媒体曾经报道，当时的刘强东对投资还不甚了解，以至于朋友建议他找VC（风险投资）时，他还一脸无辜地问对方VC是什么。后来，在友人介绍下，刘强东见到了传说中的风投，获得了京东历史上的第一笔1000万美元风险投资。随后，刘强东第一时间上线京东日用百货，京东发展迈上一个新台阶。

尝到了融资的甜头，刘强东对公司发展有了新的规划。如果说以前刘强东是一个中规中矩的创业者，现在刘强东更希望凭借资本之力，打造京东优势，实现京东发展大提速。而这两项都是需要烧钱的，需要风投的加入和支持。从2007年到2013年，京东共进行了9次私募融资，融资金额高达近20亿美元。2014年，京东在纳斯达克成功上市，募资额更是创新高。刘强东利用资本的力量，打造了京东的自建物流系统和强硬的"价格战铁拳",成为敢于正面迎敌的超级电商。

思考与启示

用别人的钱实现自己的理想,用明天的钱办今天的事。有了资本的推动,企业可以从种子迅速成长成参天大树,无需百年即可成经典。创业者要尽快熟悉资本市场的运行规则,不失时机地利用资本的力量壮大自己。

② 投资者和企业家地位平等

投资者和企业家是亲友亲情,这就是我的观点。 而他的观点很显然不是这样。他认为投资人就是做生意,企业家必须永远地对投资人感恩,投资人不需要对企业家感恩。 这非常不对。

——2012 年刘强东接受《南方都市报》采访时如是说

背景分析

2008 年,京东身处经济危机的大环境之中无法独善其身,有一段时间,刘强东为了筹措资金奔走不停,见了无数的 VC 大佬,其中就有赛富亚洲区创始合伙人阎焱。刘强东曾经在国内某大型投行的介绍下和他有过一次接触。只是话不投机,只面谈不到半个小时就结束了,投资一事也没有谈成。

后来,二人之间一直有矛盾。刘强东曾经对媒体说,此人对外界宣称刘强东曾经几次三番求上门,希望赛富能够投资京东,但是都被他拒绝了。刘强东觉得,赛富投资人的这种做法欠妥当,是对创始人的侮辱。

刘强东对自己一路走来的创业经历感触颇深。他认为,在中国,大部分创业者都是做实业的,这非常不容易,创立一家公司并不是到工商局注册那么简单,一个企业的成长就像一个人一样,需要经过长时间的积累形成自己的个性和优点。京东的发展就是这样,没有任何背景可言,完全靠自己的努力走到今天。每个企业都有可能缺钱,融资再正常不过,投资人给创业的企业融资,也是为了赚钱,所以说创业者和投资人应该是平等共赢的关系,并不是投钱的一方地位就高,可以对创始人呼来喝去。

从 2007 年第一次融资至今,刘强东已经和投资人打了多年的交道,他一直都秉承这样的原则：平等尊重,互惠互利。对于那些手里有钱但是对创业者不甚尊重甚至看不起创业者的投资人,刘强东会马上起身将对方请出去。他这种敢爱敢恨的性格,让他得罪了不少投资人,但是也让投资人了解到刘强东的强硬个性,如果选择与京东合作,就要以相互平等尊重为前提,否则一切免谈。

思考与启示

中国人最讲骨气,有宁可饿死不食嗟来之食的佳话。企业的创始人虽然不至于守节至此,至少要在和投资人的交往中保持地位平等。尤其是企业的经营权,一定要坚决捍卫,不给别有用心的投资人可乘之机。

3 投资人赚钱理所当然

第二类错误,希望把自己企业做大。 他总是觉得自己吃亏了,说你们这帮人跟着我,当时给了我 1000 万元人民币,今天拿走 10 个亿,凭什么啊? 老子没日没夜打工,凭什么给你啊? 就逼迫自己老发期权,不断给投资人施压。 投资人赚多少钱都应该,市场上如果有一天每个企业家都把自己赚的钱给了自己,那构不成资本市场。 如果没有资本市场,我想今天的黑马大赛也没有意义,当你需要钱的时候没有人给你投钱,所以没有资本市场也不会有企业家群体,二者相互依存。

——2012 年刘强东参加黑马大赛演讲时如是说

背景分析

京东上线第三年,刘强东遇到了资金困境,需要融资。今日资本总裁徐新在京东一名用户的介绍下,与刘强东见面。二人言语投机,从晚上 10 点一直谈到凌晨 2 点,刘强东希望得到 200 万美元的融资,徐新却爽快地给了他 1000 万美元。双方签字的时候,徐新意味深长地说,希望这次对京东的投资能够获得丰厚回报,刘强东笑了笑,高深莫测地表示,一定会让徐新获得意想不到的回报。

获得融资的刘强东腰板挺直,步子迈得更大了。他第一时间着手扩充京东商城的产品品类,迅速开通京东百货日用频道、图书频道,同时,开始筹建自己的仓储物流系统。没过多久,刘强东又缺钱了。此时经济危机的寒流已经蔓延到中国,投资人纷纷捂紧钱包,谁都不敢轻易出手。在万般无奈之际,刘强东又见了徐新。徐新凭着京东的高速增长和对刘强东本人的信任,再次出手向京东投资 2000 万美元,帮京东渡过难关。

随后几年,京东一直保持高速发展,规模不断扩大,自建信息系统和物流系统趋于完善。2014 年,京东在美国纳斯达克成功上市。而此时,刘强东也兑现了诺言,让今日资本和徐新获得了意想不到的回报。根据测算,此番上市,今日资本当初投入的 3000 万美元将获得近 20 亿美元的回报,回报率高达 60 倍左右。徐新本人也获得了 3 亿美元左右的丰厚回报,成为京东上市的大赢家。不仅是今日资本,从 2007 年开始为京东投资过的投资人,老虎基金、高瓴资本等都通过京东上市获得了丰厚回报。

思考与启示

创业者一定要摆正心态,不要认为自己辛苦创业,投资人却能轻松赚钱。风险投资的特点就是风险与回报对等,他们同样赚钱不易。

4 不背着投资人做决定

如果你投资人不知道你做了,那是不对的。 你给我钱之前我已经明确告诉你,我拿钱要干什么、怎么做,给了我钱之后我就按我跟你说的做了,怎么能叫骗呢?你可能失败,导致投资人受损,这种风险是有的,但既然叫风险投资人,这种风险是应该冒的。

——2012 年刘强东接受《南方都市报》采访时如是说

背景分析

对人诚信,才能换得真诚。刘强东希望获得投资人的尊重,前提就是首先尊重投资人。

刘强东有个习惯,向有投资意向的投资人介绍公司的情况,不会准备长篇花哨的

PPT，他觉得那些华而不实的东西没有说服力，事关几千万甚至几十亿元的投资，必须拿出准确的数据，让投资人信服。今日资本总裁徐新对此深有体会。

徐新第一次与刘强东见面是通过熟人介绍，对京东并不十分了解。她要求刘强东首先介绍一下京东的情况。没想到刘强东没有拿出事先准备好的 PPT 文件，而是让徐新直接进入了京东的管理系统。这个运营管理系统包括京东的财务情况、销售情况、人员情况等所有方面。通过这个系统，京东的销售情况和盈亏情况一目了然，尽管没有任何宣传投入，月复合增长率竟然达到了 10％，这是个了不起的数字，也是个很有说服力的数字，不需要任何说明，刘强东用真实的数字让投资人看到了京东巨大的发展潜力，打动了投资人。

在投资人为京东投资后，京东的各项重大决定也都提前告知投资人。众所周知，打价格战是需要烧钱的，而且是长期大量烧钱，所以投资人一般都反对创始人打价格战。为此，许多创始人都是背着投资人偷偷进行。可是在京东向苏宁主动进攻发起"价格战"之际，京东的投资人却联名宣布支持刘强东的决定，可见刘强东在做出这一重大决定之前，已经取得了各大投资人的同意。

思考与启示

在现实中，创业者和投资人虽是合作伙伴，却又纷争四起，常常是投资人看不起创业者、创业者视投资人为冤大头。如果双方都能开诚布公，不要背着对方搞小动作，更有利于和谐共处。

5　投资人可以是天使，不能做上帝

过去多少年，确确实实中国很多创业者、很多企业家，是愧对自己的道德，做了很多不道德的事情。当然，在投资者里面，也有这样的投资者，说实在话他真的是天使，那只是对他的职业做个很高的评价。但是有人觉得自己不仅仅是天使，以为自己是上帝了：你企业能走到今天都因为我给了你钱，我如果不给你钱你能走到今天？如果创业者犯一点错误、经营上稍微差一点点，就对创业者辱骂一顿，或者施加压力：你骗了我了，你忽悠我了，没让我赚钱啊，怎么怎么！

——2012 年刘强东参加黑马大赛演讲时如是说

背景分析

刘强东最看不起自以为是的投资人。对那些声称 20 分钟就能看懂一个企业、看清楚一个项目能不能成功的投资人，刘强东嗤之以鼻，用调侃的语气说，连老巴菲特都不敢说这种话，中国就有人敢这么说，还真把自己看成上帝了。

京东的投资人都了解刘强东的个性——态度强硬甚至有点臭脾气。与刘强东打交道，最好先弄清楚自己的身份，知道自己给京东投资能说什么、不能说什么，能做什么、不能做什么。狂妄自大，即使资金实力雄厚，也会成为京东不受欢迎的"客人"。

刘强东并不是只知道要求对方不知道约束自己。他很清楚，许多投资人也是吃了很多亏，被创始人坑过骗过，才会变得过于斤斤计较。为此，刘强东在给投资人定规矩之前也给自己定下了规矩，该让投资人知道的不会藏着掖着，该让投资人赚到的钱就不吝啬。在公开透明平等的前提下，刘强东再去要求投资人只做分内之事，不要越俎代庖，就显得合情合理了。

有人会好奇：刘强东这样强势，会不会吓跑投资人？其实，刘强东对自己的底牌很清楚。电子商务前景广阔，资本嗅觉最灵敏，投资人当然最乐意往这样的行业投资。京东是中国 B2C 电商翘楚，多年来保持了高速发展。在这种情况下，尽管刘强东咄咄逼人，还是有许多投资人主动找上门来给他投资。看来，强势也是要有资本的。

思考与启示

天使与上帝的区别就在于，天使博爱但不专制，上帝力量大但一切由其控制。力量大控制欲就强，要想不被控制，就要让自己变得更强大。

6 有言在先，不做事后君子

我觉得作为创业者，在投资人给你钱之前，要把所有的话都说到位，要做到公开透明，不能暗箱操作。说句难听的话叫咸菜炒豆腐，有盐（言）在先。千万不要在拿人家钱之后再改变，要兑现承诺，不要做一些投资人不知道的事情，这样可能会发生冲突。

——2012 年刘强东接受《羊城晚报》采访时如是说

背景分析

刘强东给外界的印象大多是胆大敢拼，很少有人看到他心细的一面。实际上，在需要注重细节的地方，刘强东十分认真，比如说融资合同的订立。

在中国，有很多创业者，甚至企业家，都只在乎是不是拿到了投资人的钱，而对拿钱之后的规则订立却不甚关心。有的企业家只凭口头协议甚至连合同都不签就伸手拿投资人的钱，即使签了也是一份再简单不过、没有详细说明规则的合同。对于这种做法，刘强东觉得非常不妥，规则不明确将后患无穷。

有了前车之鉴，刘强东对融资前的合同订立非常重视。因为自己不熟悉相关法律，每次在融资之前他都会专门聘请专业律师为他把关，有时候审慎起见还会从欧洲、美国聘请经验丰富的大律师。刘强东觉得，请律师花钱值得，如果因为事先订立的规则不明确，导致后续投资出现问题，付出的代价将远远超过事先聘请律师所需要的律师费。

在与投资人协商的过程中，刘强东也会尽量做到公开透明，把应该告之的情况都事先和投资人讲清楚，宁可事前啰唆也不做事后君子。创业者和投资人各有哪些权利和义务，都要详细落实到纸面，尤其是因市场变化公司战略发生调整时，应该利用什么样的规则和机制来达成双方的共识，更要讲清楚、写明白。

因为规则明确、权责清晰，在京东几次做出重大战略决策时，创业者和投资人都能很快达成共识。比如说 2007 年刘强东决定上线日用百货产品时，投资人不同意，但是按照之前签订的投资协议，这个分歧必须通过董事会投票决定，最终刘强东的决策得到执行。

思考与启示

投资人的钱并不是那么好花的，因为规则不明痛失控制权的企业家不在少数。所以融资之前一定要谨慎再谨慎，合同多几页纸不要紧，总比事后出问题好。

⑦ 不能把投资人当冤大头

有些创业者担心失去融资机会，对于融资条款不敢积极谈判，抱着'钱到了我手里我就是大爷'的心态随意签署协议！这和'欠钱的人是大爷'的心态一样卑劣！你可以采取一切合法手段去争取一个有利于你的游戏规则，但是绝不能不按规则出牌！电商融资末班车即将开走，祝大家好运！

——2010 年刘强东就融资大忌在个人微博上如是说

背景分析

刘强东一直强调做生意要讲诚信，不仅对客户要讲诚信，对供应商要讲诚信，对投资人也要讲诚信。虽然有时候老刘言辞激烈了点，想什么说什么，但一定说话算话，不会耍骗人的把戏。

创业者骗投资人的事情，刘强东身边就有不少。那些融资前装孙子、拿到钱就成大爷的创业者，并不想把投资人的钱用在公司的发展上，只是想方设法要把这些钱据为己有而已。比如说拿到投资后就开始买办公设备，一千万元的东西花两千万元，最后把钱洗一遍，放进自己腰包，公司死活根本不管。这些没有责任感的创业者即使腰缠万贯，也算不上成功的企业家。而刘强东的想法是，投资人投资的钱数目再大都是小钱，放到自己兜里未免目光短浅，想办法让投资人的钱效益最大化、赚到更多的钱才是真本事。

刘强东一直以来也是这么做的。从 2007 年开始，京东共融资近 20 亿美元，他把这些钱都用在了扩大公司规模、建设京东的仓储物流系统、开发信息系统和打价格战上。一度有人质疑刘强东在"烧"投资人的钱，把投资人当冤大头，甚至有的投资人也不能理解他的某些战略决策。但是刘强东自己心里清楚，等到尘埃落定，一切也就不言自明。2014 年，京东提交了首次公开募股(Initial Public-Offerings，简称 IPO)申请，投资人更加坚信他们的钱没有白"烧"，收获的时刻到了。据媒体披露的数据显示，曾经为京东投资过的几大投资公司，共从京东上市中获得了超过 100 亿美元的收益，不能不说回报非常之丰厚。

思考与启示

千万不要说自己比别人聪明，"聪明反被聪明误"这话预示了那些自作聪明者的结局。生意场上，小生意人比奸诈，大企业家比诚信。成功的企业家，任何时候都不会违背诚信原则。

8 绝不放弃控制权

我永远要在董事会占有多数席位。 董事会是公司的最高权力机构，作为一个创始人，控制不了董事会，还搞什么搞？ 我有充分的自信带领公司前进，我不相信哪个投资人能取代我把这个公司办得更好。 我要控制董事会，这句话我非常赤裸裸说出来了，不会跟你隐瞒。

——2012年刘强东接受《创业家》杂志采访时如是说

背景分析

投资人遇上刘强东，算是遇到对手了，因为想从他手里抢过控制权，简直没门。

刘强东和投资人谈判，从来不避讳，总是一开始就开门见山地告诉对方："这个公司是我的，我必须控制董事会，我必须控制股东会。"这是刘强东和投资人谈判的一个前提。在这个前提下，再来具体协商京东可以让步的地方，可以让步到什么程度。如果有哪个投资人非要和刘强东讨价还价，争取一下控制权，那么刘强东就只能用最后一招，礼貌地站起来，对投资人说："对不起，请你出去。"

在公司的战略决策上，刘强东也掌握着绝对的话语权，不给投资人任何发言的机会。尽管给京东投资的都是知名的投资机构，但刘强东明摆着不把他们的话当回事。当年，刘强东首轮融资拿到了今日资本1000万美元融资，钱一到位就立刻扩张品类，尽管投资人反对，刘强东仍然毫不退缩，坚持己见。刘强东还用投资人的钱自建物流。最开始，一直在亏钱，建立配送的城市越多，亏的钱也越多，投资人非常不解，但是刘强东态度强硬。有一阵团购火爆，投资人就劝刘强东赶紧将京东的配送队伍改成营销队伍，刘强东一点也不听劝，依然我行我素，建设自己的仓储物流系统。

刘强东说,他要掌握公司的控制权,并不是出于私心,而是为公司的未来打算。创始人掌握控制权,有利于公司的稳定发展,有利于企业文化的传承,更有利于公司战略上的连续性。他说,有一天他一定会退休,离开京东,不再死盯着京东不放,但现在还不是时候。

思考与启示

就如同生物链有规则一样,生意的链条里,各司其职才有利于发展。投资人要掌握投资人的本分,创业者和企业家也不该轻易放弃控制权,否则就是对企业不负责任。

9 不承诺投资人一定盈利

投资人无非就是关注你如何保持增长、如何盈利,如果投资人认可战略,他自己能够算出来,我们从来没有和任何投资人承诺过什么时候盈利。

京东近年来成本控制做得很好,四年来我们的物流成本下降了一半,另外,规模的增长也使我们能拿到厂商更多的返点,所以毛利也在稳步地提升。

——2013年刘强东接受《经济观察报》采访时如是说

背景分析

投资人投资以获得收益为目的,自然最关注企业是否能盈利。然而刘强东在和投资人谈判的时候,从未向任何投资人承诺过京东一定会盈利,也不会告诉他们如果盈利要等到什么时候。刘强东到底是用什么手段,让那些精明的投资大佬为一个一直在亏损的公司投钱的呢?

许多创业者会为了吸引投资者,牺牲公司的长远发展来换取短期的高盈利,刘强东认为这种做法无异于杀鸡取卵,即使获得了投资也得不偿失,而在企业没有盈利的时候,用虚假数据唬弄投资人又太不负责任,聪明的刘强东选择说真话:京东还没有盈利,也没有盈利的明确期限。

刘强东会让投资人了解京东的运营情况,向他们公开京东的财务数据,让投资人自己去判断要不要投资。投资人可以通过京东公布的财务数据,清晰了解到京东的盈亏情况。京东的亏损都源自对仓储物流系统和信息系统的投资，而这些都会在一段时间后成为公司的核心竞争力，摊薄公司运营成本，进一步提高盈利能力。通过这些数据，还可以看到京东这些年一直保持的高增长率、不断增加的销售额和迅速扩大的客户数量。

除了没有盈利之外，京东已经具备一切盈利的条件和可能。投资人明白，京东的盈利只是时间问题，只要不是特别着急，投资京东一定是一次非常划算的交易。

思考与启示

承诺固然重要，但承诺要以能够实现为前提，不能实现的最好不要夸下海口。企业的数据就摆在那里，能不能盈利，不是领导者说了算，而是数据说了算。

10 差异化最容易吸引投资者眼球

京东是一家以技术驱动的供应链服务公司，而阿里巴巴旗下的淘宝是信息交易平台，两者存在质的不同。

——2013年刘强东接受《财富》杂志采访时如是说

背景分析

在中国的电商领域，京东并不是涉足最早的公司，2004年京东商城正式上线的时候，淘宝几乎已经家喻户晓，拥有了庞大的客户数量。如果当初京东选择复制淘宝模式，一定不会如此吸引投资者的目光，有淘宝在先，哪里还有京东大放异彩的空间？

京东最大的特点就是自营业务。京东也提供平台服务，模式与淘宝相似，但这只是京东商城业务领域的一个方面，更主要的还是京东的自营业务，即京东先掏钱买下大量的产品，再将这些产品通过网站卖给客户，京东从中赚取差价。和只出租"场地"的平台服务相比，自营模式利润更高，但是风险也更大。自营业务能确保产品质量，不会出现假冒伪劣产品；自营业务产品价格更低，给消费者带来更大实惠，与其他电商相比更具竞争力。

京东的第二大特点就是更注重用户体验。平台服务电商将平台出租给第三方卖家经营,没有有效的管理机制治理假冒伪劣欺诈等恶性商业行为;而京东的自营业务可以很好地弥补平台电商的这一弊端,从源头上避免假冒伪劣商品的流入,维护了消费者的利益。在售后服务方面,自营模式也做得更好。

京东还有一个最大的优势,就是它一直以来保持的"低价"策略。京东的低价并不是不计成本地降低价格,而是在不断降低成本、提高效率上下工夫,做到理性低价。现在,京东的"正品低价"理念被越来越多的消费者熟知,越来越多的人成为京东的忠实客户,这是其他电商没有做到的。

正是因为刘强东一直以来重视自营业务、注重用户体验、强调正品低价,京东才有了让投资者兴奋的各种增长数据。

思考与启示

创造性无时无刻不显得重要。走新路才能创新业。投资人乐于见到与众不同的企业,而与众不同的企业需要有智慧、有胆识的创业者打造。

11 用勤奋打动投资人

持续的吃苦精神在下降,如果你跟他说你出来拼三个月,99%的大学生都能满足,甚至90%的人能拼半年,但是拼6年、拼30年就……

——2011年刘强东接受王利芬专访时如是说

背景分析

投资人在选择公司时,不仅要了解企业的内部情况和发展前景,同时也要全面考量公司的领导者,领导者的气质性格直接影响着企业的发展进步。京东一路走来能得到那么多知名投资人的支持,与其强大的增长能力有关,也与刘强东本人的性格有关,他的勤奋打动了投资人。

投资人徐新对刘强东的勤奋印象深刻。第一次见面,刘强东能够准确地说出公司的各种数据,没有花时间认真分析琢磨的人不可能脱口而出。她也从同事口中得知,早年刘强东基本上没有什么爱好,所有的业余时间几乎都花在给用户回帖上了。这个创业者如此在意用户体验,以至于每天都要了解新用户增加了没有、老用户重复购买了没有。

徐新参加过京东的一次内部会议,刘强东和高管们因为讨论问题错过了吃饭的时间,大家都饿着肚子开会,直到把所有的问题理清,刘强东才带头离开。

京东的投资人也都了解京东的早会制度,刘强东每天风雨无阻地参加公司的早会,坚持了十几年。这个故事早已被媒体传为一段励志佳话,只有刘强东自己心里清楚这其中的艰辛。

领导者的个性决定了一个公司的个性,勤奋的领导者才能带出一家勤奋的公司。这些年,刘强东就像一个高速运转的引擎,带动京东一直保持超高速的发展速度。

思考与启示

与口才滔滔不绝的领导者相比,投资人更看中能够挽起裤腿下地干活的人。勤奋者更脚踏实地,更容易感染人。

12 找值得信赖的大基金合作

建议创业者引入风险投资的时候尽量和大基金合作!宁愿估值低一些!因为小基金管理人支持你没用,他们搞不定背后的LP(有限合作人),很多事项推进起来非常麻烦!根据老刘和VC(风险投资)合作的经验,合理事项大基金很快可以推进,反而小基金没完没了地讨价还价,浪费了大量时间!

——2011年刘强东在微博中如是说

背景分析

刘强东选投资人有自己的原则,不仅要选对的,更要选大的。在他眼里,规模大的投资机构更大气,做事爽快遵守原则,不会在细枝末节上斤斤计较。

京东在2004年上线,前两年一直专注3C产品领域,销售情况很好,没有遇到资金麻烦。到2006年,刘强东意识到只卖3C产品没前途,要扩大产品品类,这才意识到自己囊中羞涩。听朋友说可以找VC投资,刘强东眼前一亮,旋即开始寻找投资人。当时京东年销售额只有 8000 万元,规模小,知名度低,大基金不把京东放在眼里,来见刘强东的都是小投资公司。这些小公司资金有限,做事谨小慎微,谈判进度很慢。他们总是无休无止地考察京东的各个环节,等全都考察完之后还要反复讨价还价,唇枪舌剑,气势仿佛市场上为几毛钱斤斤计较的小贩。就是这样,往往拖了很长时间最后还是不了了之。刘强东几乎要对找投资人失去信心,直到他遇到了今日资本总裁徐新。

今日资本是国内一家规模比较大的投资机构,刘强东与徐新第一次见面,只用了几个小时简单向徐新介绍了一下京东过去几年的发展历程,谈了自己对京东未来的战略规划,徐新就非常爽快地答应为京东投资。徐新问刘强东需要多少钱,刘强东说 200 万美元,徐新竟然给了 1000 万美元。

这件事给了刘强东非常大的震撼,从那以后,只要找投资人,他一定会选择规模大的机构合作。事实也是这样,数一数这些年京东的投资人,雄牛资本、美国凯鹏华盈基金、红杉资本、老虎基金、俄罗斯 DST 等,无一不是国内外知名的大型投资机构。

思考与启示

找投资人也考验创业者和企业家的品味和眼光。大型知名投资机构好比一线品牌,贵有贵的道理。小型投资人好比二三线品牌,总缺少点大牌的范。

13 怎样才能被投资人相中

做一家公司,真正要取得投资者的青睐,还是你的模式和价格,也就是说,你的模式能不能创造价值。 如果你的模式不能创造价值,可能因为行业的发展你就被淘汰了。 这就是以价值模式吸引投资人。

——2011 年刘强东在首届中国互联网投资大会上演讲时如是说

背景分析

正像刘强东说的,创业者与投资人之间也像谈恋爱,要看对眼才行。在投资人眼里,刘强东自然是有魅力的:高瞻远瞩,能够将京东放到整个大环境中去考量,为公司找到一条既符合发展趋势又不同于其他电商的发展新路。

投资人考量一个公司,会在意公司的各种实实在在的数据,比如销售收入的增加、利润率的提高等,同时也会思考公司的价值。追根究底,一个公司未来价值的大小,决定了利润的多少。在短期利润高但是没有长远价值的公司和短期亏损但是长远看来价值更大的企业之间,投资人会选择后者。而刘强东就属于后者,他一直在乎、坚持的价值投资,恰好击中了投资人的心。

刘强东认为,这些年他在京东的战略决策上做得最正确的三个重要决策,就是基于放弃追求短期利益、坚持做有价值的事的理念。

第一个正确决定是自建物流和开发信息系统。这个今日看来价值巨大、盈利空间无限的投资决定曾经被许多同行嗤之以鼻。刘强东顶着外界"烧钱"、"只赚吆喝不赚钱"的舆论压力做的这些努力,今天看来已经成为其他人无法超越的门槛。第二个正确决定是放弃做垂直电商,决定将京东打造成一家"大而全"的公司。刘强东意识到,若干年后,当拥有全品类、规模庞大的电商发展成熟之际,没有自主品牌的垂直电商将失去存在价值。第三个正确决定是将公司定位为以技术驱动的平台运营公司。如果京东只坚持自营,再成功也只是一家电子商务公司。要让京东更有价值,必须开通平台业务。

这些年来,在刘强东的坚持下,京东不断进行积累,价值的光芒已经初现,这正是投资者最想看到的。

思考与启示

想要被投资者重视,就要投其所好。投资者都希望找到一家有价值的公司,在价值实现中同时实现利润目标。因此,创业者致力于创立一家有价值的公司,对于客户有价值,对于合作伙伴有价值,这样的公司对于投资者也才有价值。

第五章 | 用诚信抓住客户"软肋"

1 重新定义"客户"

我希望任何京东人都要牢记，没有供货商，没有卖家，没有消费者，就没有京东，三者缺一不可。这三者是构成我们整个电子商务业务的最主要客户群。缺了哪一个，都会破坏整个生态循环，业务模式就无法确立，京东公司也无法得以发展。消费者、卖家、供应商都是我们的客户，我们要感恩客户，以客户利益为先，关注客户体验，多为客户着想；我们要服务客户，具有主动服务意识，开心服务；我们要成就客户，尽自己最大努力，超越客户期望，帮助客户实现其目标。

——2013 年刘强东在京东内部的"修养生息"系列培训上发言时如是说

背景分析

在京东，客户的定义与其他企业有别。刘强东要求所有员工，不仅要把消费者当做客户，还要把供应商和平台卖家当做京东的客户。为所有客户提供高质量的服务，是京东人一直在努力的方向。

消费者是京东的客户，这点不难理解。这些年，京东的注册用户数量不断增加，2008 年达到 100 万，2010 年突破 1000 万，而据京东对外公布的数据显示，截至 2013 年，京东的注册用户已经超过 1 亿。如此高速增长的用户数量背后，蕴藏了京东人的不懈努力，是京东一直强调用户体验的最好说明。

除了消费者，第三方卖家也是京东的客户。京东通过平台服务向卖家收取佣金，增加了收入，同时也丰富了京东的产品品类，和京东的自营业务一起为京东的消费者带来更多实惠和便利。在京东，第三方卖家享有与京东自营业务同等的地位，比在其他电商平台上花费更少，却能获得更多的宣传、物流等方面的服务。

为什么将供应商也作为京东的客户？刘强东的解释非常明确：供应商是电子商务业务链中不可或缺的一环，为提高京东用户体验做出了贡献，自然应该算做京东的客户。

京东对消费者、第三方卖家和供应商一视同仁，尽最大努力为所有客户提供优质服务，为消费者带来更好的网络购物体验，为第三方卖家和供应商带来更可观的业绩。

思考与启示

客户不仅包括直接为公司带来利益的人,也包括公司运行链条上不可或缺、为公司发展做出贡献的人。常怀感恩之心,用加倍的努力回报支持我们的人吧。

② 敢于舍弃部分客户

我妈妈买电器会到国美、苏宁,尽管我自己也卖电器,但是我不希望像我妈妈一样的人在京东上买东西。

——2010年刘强东接受《北京商报》采访时如是说

背景分析

尽管现代人觉得网购改变了生活,让购物变得更简单,但对少部分人来说,网上购物仍然难于上青天,比如年龄偏大的人群。还有一些人,对网购不信任,尽管身边每天都有快递进进出出,他们还是觉得亲自去商场买看得见摸得着的东西更靠谱。对于以上两种人群,刘强东选择放弃,不会花费任何时间和精力去改变这些人的购物习惯。

在刘强东看来,将这样一群人强行拉进网购的队伍,成为京东的客户,结果将是得不偿失。比如,一个不懂电脑操作的客户想在京东商城购买一件商品,如果没有人在一旁指导他,他一定会想办法弄到京东的客服电话,然后一会儿一个电话,让客服教他如何操作。这样的客户在京东购买一件商品会占用京东更多的资源,付出的成本远高于卖一件商品带来的利润。那些不相信网购的人,往往对商品的预期更高,一旦送货上门的商品与之前的想象不符,将会增加退货几率,加大公司的运营成本。

所谓客户数量不仅在多,也在精。比起贪婪地扩大客户数量,刘强东更希望寻找那些购买力强、喜欢网购的客户群体。在中国,选择网购和选择到商场购买的人群年龄段分别非常清楚。35岁以上的人群工作稳定,经过一段时间的资金积累,购买力更强,他们更喜欢到实体店购物。而20岁到30岁之间的群体参加工作时间短,经济收入不如前者高,所以更倾向选择价格更实惠的网络购物。在这个年龄段的人群中,既低价又保证正品的京东当然成了他们网络购物的不二选择。在年轻人中间,刘强东特别关注的一个群体就是每年新毕业的大学生，刚刚获得经济收入的人群购买欲望强，又因为有了收入来源购买力大增，是京东势在必得的潜在客户。

思考与启示

许多公司不是不知道细分市场的策略，只是不愿意舍弃用户，结果胡子眉毛一把抓，哪一个客户群体都没有耕深做实。有舍才有得，用心为抓得住的客户服务，不要将有限的资源浪费在不可能得到的客户身上。

③ 改变客户认知

因为对客户的固化印象太深刻了，当我们三年以后，发现京东有这个认知的时候，我们觉得很可怕。所以我们三年之后，赶紧进入日用百货，我们用五年的时间来改变客户的认知。一定要五年之后让客户认识到，京东绝不只是卖电器的公司，京东绝不是一个卖3C产品的公司。

——2011年刘强东接受王利芬专访时如是说

背景分析

京东商城的前身是京东多媒体，顾名思义是一家销售3C产品的公司，2004年京东商城上线，也选择只卖用户口碑好的3C产品。不到两年时间，京东凭借着在线下积累的人气和超低价格，很快拥有了一批忠实的粉丝和几千万元的销售额，那时候京东公司只有几十个员工，大家无不对京东商城的未来充满了希望，认为若干年后，京东一定会成为中国数一数二的销售3C产品的网站。这时候，只有刘强东意识到了一个严重的问题。

京东商城的客户都知道京东商品品质好、价格低，而且只卖3C产品，如果要买手机、数码相机、大家电、小家电之类的就得另找其他的网站了，要买服装鞋帽、图书之类，更是没人会问一问，京东上有没有这些东西。这可不是个好兆头，一旦京东只卖3C产品的观念在消费者心中根深蒂固，以后京东想要扩大产品品类就难上加难了。刘强东其实早有扩大产品品类、做"大而全"电商的想法，只是认为时机还未成熟，现在眼看着客户认知越来越固化,刘强东立刻着手开启了京东的新品类上线计划。在获得第一轮融资后,他就立刻上线了京东的日用百货频道,随后又是电子书;有一段时间刘强东甚至在京东上卖起了汽车、房产、机票;还有一段时间,京东上又卖起刘强东在老家种植的绿色有机大米。分析人士指出,刘强东在网上卖汽车、卖大米,其实主要目的不是为了赚钱,而是为了让消费者意识到京东是一家无所不卖的一站式购物网站,正像京东的广告中所说的那样:地球村只要有京东就够了。

现在,消费者已经了解京东是一家什么都有的"大网站",而刘强东依然在扩大京东的购物功能,在为消费者提供一站式便利购物的道路上不断努力。据了解,目前京东的生鲜频道已经在某些地区试点,预计不久之后就能正式运营。京东将会成为客户心中越来越"大"的网站。

思考与启示

第一印象总是特别深刻,所以一家企业一定要从开始就做好定位,日后再想改变消费者的印象,会事倍功半,需要付出更多努力。

4 服务客户要有"店小二"精神

我觉得我们应该有一个"店小二的态度"。 店小二是什么? 店小二是古代餐馆给客人服务的人,端盘子、抹桌子的,他姿态放得很低,店小二就是为卖家服务的。

——2013年刘强东在内部培训讲话中如是说

背景分析

在京东的内部培训讲话上,刘强东提到了京东人应该有"店小二"的精神,对待客户要勤勤恳恳、恭恭敬敬,让客户体验到日趋完美的服务。

创业之初,刘强东就很重视用户体验。这一企业文化贯穿京东商城的成长历程,从不敢有半点松懈。

最近几年,刘强东一年比一年忙,参与公司内部管理的时间也越来越少,当被媒体问及现在在公司主要参与哪些事情时,刘强东回答说只关注公司的战略决定和用户体验。

用户体验是京东竞争力的核心，这一点刘强东从来没忘也不敢忘。这些年，刘强东花费巨资、顶住压力打造的京东物流、京东的信息系统，其目的都是为了提高用户体验。

刘强东认为，做店小二为客户服务，首先一点就是要讲诚信，绝不欺瞒消费者。2008年，刘强东预测失误，经济危机竟没有挡住电商的井喷式发展。京东的订单雪花一样飞来，配送人员严重紧缺。为了能让消费者在规定时间内收到商品，京东在网站上打出通知，希望着急的卖家绕道。放着钱不赚，只为了让买了商品的客户按时收货，这一点一般商家很难做到。店小二为客户服务，还要有主动服务的精神。在京东，客服不会坐等客户打电话询问，而是在客户下订单后主动给客户打电话，询问有什么需要帮助。店小二还要有能力满足客户的一切需要。在京东，不会有人认为客户提出的要求是无理取闹，他们只会从客户的角度出发思考问题，尽最大可能实现让客户满意购物。

思考与启示

几乎所有的公司都在强调"服务"，在产品极丰富、市场竞争越来越激烈的今天，企业之间除了比拼产品，更比拼服务。创业者和领导者要求员工们有"店小二"的服务精神，首先自己就要对客户放低姿态。榜样的力量最大，当领导者以身示范后，员工们自然不敢怠慢。

5 将用户体验做到极致

这几年来，我们集中了公司的所有资源、所有精力去做一件事情，那就是改善用户体验。

——2011年刘强东接受《经理人》杂志采访时如是说

背景分析

让京东的用户体验趋于完美，是刘强东一直努力的方向。

最初，京东也和其他电商一样，采用外包方式将物流这一块交给第三方快递来做。但是很快投诉像雪花一样飞来。别的事情可以忍，事关用户体验的事必须马上解决。刘强东随即筹钱开始自建物流，这是2007年的事。现在京东已经基本实现自主配送，用户投诉率下降了到 1/10 以下,用户体验大大加分。

在京东的发展战略里,服务战略是十分重要的一项。近些年一直强调放权的刘强东亲自出马,担任京东"首席服务官"。刘强东认为,京东改善用户体验,首要一点就是要在提速上下工夫。自建物流只是第一步,京东要以此为基础,继续优化流程,继续缩短产品送达时间。现在,京东已经在多个一线城市推出当日达服务,在较大的二三线城市推出次日达服务。用户点击鼠标购买商品,当天就能收到包裹,这种送货速度不仅其他电商无法做到,甚至也给实体商城带来不小冲击。随着京东的送货速度不断加快,用户体验不断提高,越来越多的线下用户会转移到线上,成为京东的忠实用户。

除了提高送货速度,京东还大力提高售后服务水平,推出"售后 100 分"服务承诺:凡是消费者在京东购买商品,发生退换货情况,京东的售后服务部门自接到返修产品并确认属于产品质量问题开始算起,将在 100 分钟内解决用户的一切问题。

消费者网购最头疼的一点,就是一旦发生退货,资金的赔偿问题。许多消费者都遇到过商家拒绝赔付的情况,或者即使赔付也会拖很长时间。针对这一点,京东推出了先行赔付策略。在京东购物,无特殊情况可以在 15 天内无理由退换货,而且会在最短时间内将产品货款返还到用户账户中。

思考与启示

购物不仅是一种需要,更是一种享受。谁能做到无条件地提高用户的购物体验,让购物更轻松、更便捷、更惬意,谁就能赢得客户的心。赢得了客户也就赢得了市场。

6 努力赢得女用户芳心

老实说,我相信绝大部分的零售平台,男性用户超过 50％永远是要亏钱的,只有女性用户超过一半你才有机会赚钱。我们希望做的是一个大型综合购物平台。如果这么一个平台只有男人,没有女人,这个平台是有缺陷的。

——2013 年刘强东接受《南方日报》采访时如是说

背景分析

京东商城还是一家只卖3C产品的网站时，注册用户中绝大多数是男性。刘强东意识到，男性用户购物的目标性更强，只会购买计划之内的商品，很少会随机浏览其他商品。3C产品更新换代快，毛利率越来越低，即便销售额增长很快，利润率仍很低。京东只有上线利润率更高的商品，才有更大的利润空间。

在诸多商品种类中，服装、鞋帽、化妆品等日用百货商品的利润率最高，而且产品更新快，客户重复购买率高。这些商品以女性购买为主，如何赢得女性用户芳心，成了刘强东必须考虑的课题。

2010年，京东全新开放POP平台（商家开放平台），通过引入第三方卖家，开通品牌直销频道，引入服装饰品等商品，旨在吸引女性客户的目光。在产品选择上，京东继续秉承"低价正品"的原则，只引入品牌商和经销商入驻京东，不接受个人卖家在京东开店，这就从货源上保证了京东新上线的产品均来自正规渠道，质量有保障。2012年，京东的"品牌直销"更名为"服装城"，吸引女性客户的目的更加鲜明。服装城提供服装、鞋帽、饰品、化妆品等女性感兴趣的商品。考虑到网购的多为年轻女性，服装城页面的设计风格以时尚动感为主。为了抓住女性客户的心，京东也会不定期推出针对女性的促销活动。

思考与启示

零售行业应该算是一个男女通吃的行业，但是论起消费，总是女人更容易冲动，所以零售企业一定要想办法留住"她"。

7 客户最吃"诚信"这一套

京东能够获得突破靠的是诚信经营，在现实生活中坚守诚信的人，99％的时间、99％的事件为此而付出努力，品牌是要靠长期积累的。

——2010年刘强东接受《中国企业家》采访时如是说

背景分析

不管是开实体店还是做电子商务,刘强东都只遵守一条:讲诚信。因为他知道客户最吃诚信这一套。

当年,刘强东几乎一穷二白地在中关村卖 3C 产品,旁边很多坑蒙拐骗卖水货的人,他却坚持只卖正品,几年时间就成为全国最大的光磁产品代理商。"非典"时期,京东被迫转移到网上,要是没有当年诚信的口碑也不可能迅速打开局面。

十多年来,京东一直没有在广告上投入太多,刘强东始终认为,诚信是最省钱的宣传方式。为了将诚信的理念深植于客户心中,刘强东时时事事用心努力,从不敢有半点松懈。首先一点就是严把渠道关。京东的自营业务自不必说,不是正规渠道的商品不在京东考虑之列。对于向第三方卖家开放的 POP 业务,刘强东也同样要求严格,不接受个体卖家在京东开店,只允许品牌商和代理商在京东平台开展业务。在诚信和利益之间,诚信永远要摆在第一位,没有诚信,一切都将化为乌有。

只卖正品行货不是嘴上说说消费者就会相信,为了给出更有力的证明,京东保证所有出售的 3C 产品都会提供发票,而且无需用户主动索要,只要在京东下订单购买 3C 产品,京东就会在送货时主动附上正规发票。

现在,京东正品行货的理念已经被越来越多用户熟知,到京东买正品正成为越来越多人网购的选择。刘强东用诚信这一招,留住了老客户,引来了新客户。

思考与启示

大道至简。越是朴素的道理往往蕴藏着越深层的智慧。对于企业,坚持诚信就是最朴素也最有效的一招。然而,这话说起来轻松,做起来很难,否则怎么有那么多聪明的生意人背离诚信,最后满盘皆输? 要经得住诱惑,还要多修炼。

8 努力开拓新客户,不如留住老客户

做电子商务,特别是做独立网店,第一批客户是怎么积累的? 最原始的用户不能做很好的积累的话,后续的发展几乎没有什么机会。 我们发现很多互联网企业做

很多广告，但是今天来了 100 个客户，走了 99 个，后天来了 2000 个客户，大部分又走了。 最好的情况是来了 10 个人，留住了 9 个人。

——2010 年刘强东接受《中国企业家》采访时如是说

背景分析

有人说，做全品类电商不用太在乎老客户。我们网站什么都卖，商品齐全，自然就能吸引不同需求的用户，不怕没有人气。何况全中国有十几亿人，你不买别人买，还害怕没有客户吗？许多电商就是抱着这样的想法，把有限资金都砸在广告里，最后大家都来看看热闹又走开，留下消费的用户少之又少，能重复消费的更是没几人。巨额广告费只带来一批又一批新客户，却没有把新客户留住变成老客户的作用，这样的电商未来堪忧。

刘强东也在乎新客户，时刻留意新客户又增加了多少，然而他更关注老客户重复购买率是否增加。刘强东不傻，他心里自有一本账。开发新客户需要投入更多的资金。做广告也有风险，如果定位不准、没有抓住客户眼球，广告费很可能打了水漂，新客户占用公司更多的资源，购物成功率却不高。与新客户相比，老客户无需过多宣传，会在有购物需求时随时登录京东购买所需的商品。老客户熟知在京东的购物流程，有固定账户，无需占用过多客服等资源就能完成订单。老客户了解京东，会将在京东的购物感受告诉周围的人，无形之中为京东做了免费宣传，让更多人了解京东低价正品的理念。

至于怎样留下老客户，刘强东的做法是，让客户在京东的购物体验一次比一次完美，亲身感受到京东的进步，客户自然会对京东"倾心"。另外，京东将一直保持低价，让客户有一种"买到就是赚到，京东购物最实惠"的心理体验，这也是京东留住老客户的绝招。

思考与启示

创业者各有绝招，有的拼命宣传挖掘"新人"，有的想尽办法留住"老人"。最好的结果就是抓住更多"新人"，把他们变成忠实的"老人"。

9 用最具竞争力的产品吸引客户

京东商城的发展，经过整整五年的时间才把产品扩充完毕。 我们看到很多网上做的 3C，刚开业产品就非常全。 很多人问我怎么办，我建议把 99％的产品撤退，留下 1％的产品。

——2010 年刘强东接受《中国企业家》采访时如是说

背景分析

刘强东虽然野心很大，想做一家"大而全"的网络零售商，但是他的步子走得并不急，这缘于他想用最有竞争力的产品吸引客户。刘强东希望，用户在京东商城购买的商品，永远比在其他电商的网站购买的商品更有价值。这个价值不仅指价格更实惠，还包括客户的用户体验。

一种新产品的上线意味着什么？如果把这个过程简单地看作上传图片和产品说明，京东似乎早就应该完成全品类扩充，无需等到今日还在扩充。实际上，一种新产品上线，上传到页面与消费者见面是最后一步。在此之前，要做很多工作。要对客服人员进行产品知识培训，以应对产品上线后随时可能遇到的消费者提问；还要规划仓储物流系统，确保用户在订单下达后可以在规定时间内拿到商品；要考虑售后服务问题，与厂商达成协议或是自己组建新的售后服务队伍，确保发生问题时以最快速度帮用户解决问题。等到这一切问题就绪，才是新产品上线的成熟时机。如果前期准备不完善就盲目上线新产品，客服、物流、售后服务等方面都容易出问题，给用户留下不良的购物体验，从而使网站在客户心中的印象大打折扣。

刘强东对此深有体会，所以尽管他做大做全京东的心情是如此迫切，依然有条不紊，放慢京东的新产品上线速度。就是当年京东最自信、最熟悉的 3C 产品，刘强东也不是一股脑将其全部挪到网上，从最初将最有竞争力的 98 个产品上传到网上，到最后 3C 产品全部完成上线，刘强东用了近五年的时间，真是耐心可嘉。将上线过程拉长之后的结果就是，京东的每一个商品，哪怕只是一个小小的鼠标，京东都能做到客户服务上有问必答，物流上不会延误送货，售后服务上不会发生问题被置之不理。京东的产品没有瑕疵，京东的服务没有瑕疵，京东总是将最好的产品呈现给用户，紧紧吸引用户的目光。

思考与启示

企业经营，产品少而精胜过多却滥。宁可只有一种商品、赢得一万个客户的认可，也不摆出一万种商品、只有一个客户说好。

10 靠细节赢得客户满意

京东实际上天天做的是执行，我们的奋斗目标只有一个，就是让客户满意。 你是靠细节赢得客户的满意，而不是靠企业战略和竞争策略。 我们能让越来越多客户高兴了，自然能够赚钱，自然会有回报。

——2010 年刘强东接受《中国企业家》杂志采访时如是说

背景分析

如果你了解刘强东的所作所为，会发现"粗犷大气"和"心细如发"这一对矛盾词汇，用在他身上一点都不矛盾。这些年，他不仅在京东的发展战略、竞争策略等大事上把关掌舵，更在公司运营的许多细节上提出不少真知灼见，尤其是事关客户的地方，刘强东总是特别上心，不会放过任何一个细节。

尽管现在大部分年轻人都有网银，也觉得通过网络支付的方式购物很自然。但是和货到付款比起来，当然还是后者更便利，况且货到付款更安全，避免了发生网络诈骗的可能。基于此，京东为客户提供了更多可供选择的付款方式，既可以采用网银支付，也可以以货到付款。许多人购物喜欢上京东，就是因为京东的付款方式选择更多，网银里钱不够也没关系，货到付款就可以轻松搞定。

现在，许多客户尤其是年轻的客户都有提前消费的习惯。在预算合理、有能力偿还的条件下，他们希望能尽早得到自己心仪的商品。刘强东注意到客户的这一消费倾向，让京东可以向个人客户提供分期付款服务，而且还提供小额的个人信用贷款。当然，刘强东敢这样做，是以京东强大的信息系统为基础的，可以随时调取用户真实完整的个人相关信息数据。

用户一旦在网上下了订单,最关心的就是包裹是否已经发货、何时才能到达。当然,在购物网站的相关页面上就能查询到这些信息。但是需要先登陆网站,进入相关页面,费时费事。对于这些用户感觉不够便捷的地方,京东从来不会选择睁一只眼闭一只眼。现在,只要在京东下订单,就能随时收到京东客服的短信息,及时了解商品的最新动向。这种主动告知的模式,省去了用户不少麻烦,给用户留下了深刻印象。

思考与启示

用户才不会关心你的企业战略宏大与否,你的竞争手段高明与否,用户只关注细节,与商品、服务有关的细节。谁将细节做得更完美,谁就抓住了客户。

11 为消费者省钱

只有不断降低成本,提高效率,才能为我们的客户创造价值。所以,什么是价值? 为消费者省钱,让供应商渠道成本得以降低,这就是我们创造的价值。

——2013 年刘强东在内部培训讲话中如是说

背景分析

生意人不是慈善家,赚消费者的钱理所应当。如此说来,刘强东主张为消费者省钱,是不是有点口不对心? 要理清这个问题,需要理解刘强东的几个理念。

为消费者省钱,才能留住消费者。现在的消费者视野更开阔,即便自己不能眼观六路、耳听八方,但是网络如此发达,只要到网上查一查,就大致了解,哪个商家是想狠宰消费者一笔,哪个商家是替消费者着想,货真价更优。环境在变化,暴利的土壤早就被风化,长不出庄稼,在这种情况下,只有种下诚信低价的种子,真心为消费者着想,才能有所收获。

现在,京东为消费者省钱的策略已经初见成效。以 3C 产品为例,消费者想买 3C 产品总共分三步,第一步先登录京东,查询款号和价格;第二步到实体店,对比价格并实际测试产品功能;最后一步是回到京东,下订单购买。京东的低价策略成了黏合剂,新用户数量和老用户的重复购买率在它的作用下不断攀升。

正像许多人疑惑的，京东是不是为了树立最低价格的形象，放弃了对利润的追求？京东连续多年利润为负值，销售额越大亏损数额就越多又如何解释？对此，刘强东有过一段颇为精彩的论述：如果京东没有投入物流，2007 年就可以盈利；如果京东没有扩大产品品类，2008 年就可以盈利；如果京东没有投入建设 POP 平台，2010 年就可以开始盈利。看来，京东的亏损并不是价格低造成的，而是投入了基础建设，为长远发展投资。

刘强东说，尽管京东的商品价格低于同行，但是没有任何一件商品是低于成本价格出售的，京东从来没有为了低价而降价，任何低价都是努力提高效率、降低成本的结果。京东每便宜一分钱，都是从更加高的商品周转率、更合理的订单送达流程规划中得来的。

思考与启示

企业当然要赚消费者的钱，不然就无利可图，但是企业怎样才能更赚钱，还要看为消费者省钱的本事。创业者千万不要想着高利润，只有用心为消费者着想，为消费者带来实惠，才能抓住客户，进而占领市场，获取利润。

12 "主动服务"取悦消费者

京东必须要有忧患意识，用户体验差一点点最后就可能会死掉。 如果京东用户体验高于友商（刘强东叫竞争对手"友商"），那我们就能睡觉了。

——2013 年刘强东接受《中国企业家》杂志采访时如是说

背景分析

网络购物，因为不能面对面与商家交流，也不能直接接触到商品，客户需要向商家客服咨询情况。现在绝大多数电商都拥有较为完善的客服系统，能够及时回答客户的电话咨询或是在线咨询；然而刘强东希望京东的客服能走得更远，他提出的改变京东对客户的"被动服务"为"主动服务"，是对京东客户服务能力的一次大提升。

京东从 2013 年开始实行"主动服务"策略。京东客服不再像以往一样坐等客服来电,然后解答问题。现在,京东的客服主动与客户沟通,将发现的问题及时告知客户。

比如用户下订单后,最关心商品能够否在规定时间内到达的问题。京东有效率最高的配送队伍,有最优化的配送流程,如果没有特殊情况,都可以在规定时间内将商品送达消费者手中。但是物流也时常会受到外界因素影响,一旦遇到恶劣天气或是交通阻塞,就有可能延误送达时间。如果发生这种情况,京东的客服将主动通知消费者,具体告知因为何种原因没有及时送达以及预计送达时间,打消消费者的疑虑。

现在,虽然大多数电商都提供退换货服务,但是流程很繁琐,许多客户都大呼网络购物退货太麻烦。为了简化退货流程,尽可能方便消费者,京东推出了新技术驱动的退货流程,客户只需扫描二维码就能进入退货流程。

主动服务体现了京东对待客户的态度,更是对京东技术层面的考验。以扫描二维码进入退换货流程为例,其中就要投入大量的人力进行系统开发。刘强东始终强调京东是一家以技术驱动为主的公司,他深知,要让用户满意,不仅要靠热情,更要以强大的技术为后盾。

思考与启示

主动服务要有具体的服务内容,如果只是主动打电话问问"有什么可以帮您",反倒让人反感。主动服务不仅要将发现的问题告知用户,还要给出具体的解决方案,让消费者安心。

13 无与伦比的"快速配送"

我们京东就是要做那种最难做、最苦的事情。 别人都很难做成,你做成了。 什么是价值? 这就是价值。 如果这事太容易了,所有人去做都能做成,你早晚有一天会面临生死存亡的问题。 明天只要有人抱着 2000 万元进来,立马就做出来了。

——2012 年刘强东接受《创业家》采访时如是说

背景分析

刘强东始终认为,电商与实体商家的差距,永远在"一手交钱一手交货"这一点上,如果电商不能提高配送速度,和实体商家竞争就有一块短板。为了补齐这块短板,刘强东一直在努力,尽管现在他已经做到了全球电商商品送达最快,仍不满足。

刘强东的快速配送得益于他苦心建立的仓储物流系统。这个庞大的工程始于2007年,到2010年初见成效,截至2014年,刘强东计划之内的全国六大仓储中心已经全部建设完成,京东穿红色制服的"快递小哥"穿梭在全国大多数城市,成为一道亮丽的风景线。

京东的配送速度到底有多快?如果你在京东的"211限时达"城市,比如北京、上海,上午11点之前下订单,当天就能收到;如果是夜里11点之前下订单,第二天上午就能收到包裹。不算夜里休息的时间,京东完成一个订单的送达任务只需要4个小时。京东宣布开始推出"限时达"业务之初,许多同行都认为这简直是天方夜谭。然而,2010年只有少数几个城市能够提供这种急速送达服务,到现在,四年过去,提供"211限时达"服务的城市不降反增,已经增加到30多个。

这种全球最快的配送速度给消费者带来很好的体验。从下订单到拿到商品的时间,几乎不亚于亲自去商场挑选商品。许多用户接到商品的第一反应都是怎么会这么快!但刘强东还是不满意"限时达"配送服务只在少数城市开通,想要在中国所有的大中城市开通这种超快配送,还要做很多事情。要将配送的履约率提高到100%,不让一个客户失望,还有许多需要增强和改进的地方。

看来,"全球最快"并不是刘强东的目标,为了更"快"他还会更努力。

思考与启示

超越别人容易,超越自己难。已经走在行业前头,且后来者已经难以望其项背,还在不停奔跑,实属不易。但是,一家企业如果没有这种提供极致服务的决心和打算,往往又难以成功,很容易被后来者追赶并超越。

14 就要"娇惯"消费者

这是我们四五年不断优化的结果，可不是一天做出来的。有没有能力娇惯消费者，这是一个门槛。

——2012 年刘强东接受《创业家》杂志采访时如是说

背景分析

刘强东从不吝惜对消费者的好，甚至到了"娇惯"的程度。被"宠坏"的消费者，将更依赖京东，京东也将借此占有更大市场。

消费者网购，最看重的一点就是价格便宜。这些年，电商一直不断进行价格厮杀，利润空间已经非常微薄，可是消费者并不满意。许多电商止于抱怨，只有刘强东一直在不断降低价格的道路上探路前行。适应了京东的低价，消费者将很难接受所谓的"正常"定价。到京东比价，到实体店试用，最后到京东下单购买，成了消费者的购物三部曲。只有低价没有品质保证也不行，低价买次品并非消费者所愿，刘强东从京东上线之初就坚持只卖正品，为京东树立了极佳的口碑。

刘强东一直重视服务，服务并不是产品背后的附属品，它和产品一样有价值，对客户来说同样重要。服务体现在细节之中，京东的精细化服务将消费者的购物需要提升为购物享受。让消费者感受到，来京东购物不仅是为了满足生活所需，更是生活品质的一次大提升。在京东购物，首要一点就是收货"快"，如果在其他网站购物，三五天送到是常事，在京东最快当天就能收到。突然浏览到心仪的商品，却恰巧网银里钱不够也没关系，京东的货到付款够给力。在京东购物退货也不麻烦，扫描二维码就可以。在京东购物无需主动找客服咨询问题，开口之前已经有京东的客服电话或是客服短信先来。

在京东的"娇惯"下，消费者品对产品和服务的要求越来越高。一旦他们适应了京东的服务水准，将很难再去适应其他电商提供的服务；他们购买了京东的低价正品，也会对其他电商的产品和价格要求更加苛刻。

思考与启示

　　娇惯消费者不同于娇惯孩子,不会让消费者养成坏习惯。娇惯消费者能带来双赢,既对消费者有利,更对企业有利。

第六章 | 以欢迎姿态正面迎敌

1 有竞争是好事

任何一个单一的公司都不可能支撑起一个行业。一个行业的存在,说明这个行业应是"百家争鸣,百花齐放"的。

——2010 年刘强东接受《重庆晨报》采访时如是说

背景分析

弱者惧怕竞争,怕被"拍在沙滩上",强者欢迎竞争,有对手才能让自己更强大。京东从上线之初就面临着巨大的市场竞争,在竞争中锤炼了自己。可以说,没有竞争就没有京东今天的强大。

中关村的竞争历来很激烈。当年刘强东闯进来的时候,除了几节柜台一无所有,而他面前的对手都是年销售额几千万元的大佬。怎么竞争? 刘强东总结的第一条就是不害怕。比我强没关系,我有信心总有一天会超过你。刘强东就这样坚持了三年,终于坐上了全国最大光磁代理商的交椅。

2004 年,刘强东阴差阳错进入了电商领域,并最终选择放弃线下,决定做线上零售业务。他选择自己最熟悉的 IT 零售行业,希望坐上中国 IT 电商老大的位置。当时的老大是上海新蛋网,一家业务遍及全球的 IT 电商,全年销售额超过 10 亿元,净利润2000 万美元。到 2008 年,已经有越来越多的用户选择京东,抱怨并离开新蛋网的人越来越多。心有多大,舞台就有多大,不敢站出来和更强大的对手竞争,自己就永远也强大不起来。

2007 年,刘强东决定把京东做成一家全品类购物网站,新的竞争又开始了。当当、卓越都把京东看成"抢食者",杀气腾腾。刘强东早就习惯了"蛇吞象",对手再高再大,也不会对他形成压力。他按照自己的步伐,有条不紊地增加京东的商品品类,每一个新频道上线都万千瞩目。他有防备地接住对手的明枪暗箭,到 2008 年就全面超越对手,成功跻身综合电商行列。

现在,刘强东和他的京东还要面对一个更强大的对手——淘宝。淘宝是个强大的对手,但京东也不会退缩,不管是平分天下还是决一胜负,有竞争总是好的,它不仅让参与竞争的对手变得更强,也促进了行业的健康发展。

思考与启示

优胜劣汰的进化法则对企业来说同样适用。不适应竞争环境,不主动参与竞争,就会像恐龙一样:尽管高大凶猛,还是从地球上绝迹了。创业者要摆正心态,明白竞争无时不在、无处不有,以更坦然的心态去竞争。

2 享受竞争的乐趣

我觉得竞争会让两家公司都更强。 我实际上正在享受竞争的乐趣。

——2014 年刘强东接受路透社采访时如是说

背景分析

竞争不会因为某个人的主观意志而消失,既然如此,倒不如放下焦虑,享受竞争带来的乐趣。竞争真的能带来乐趣吗? 这要看境界够不够高。让一些人痛苦不堪的竞争在另一些人眼里有可能就是享受。

竞争让人痛苦,源于大家普遍认为竞争会让双方都"受伤",但换个角度思考,竞争同样可以让两家企业都变得更强。京东就是一个活生生的例子,不是和高过自己的对手一路竞争,就没有京东今天的高度。刘强东之所以能够享受竞争的乐趣,也源于他看到了竞争给企业带来的正面影响,对企业发展的促进作用。

京东的强项是价格竞争,对手无不对此既惧怕又无可奈何。外界曾质疑刘强东不惜血本搞价格战,刘强东却说,价格战的秘诀,就是在不断叫板行业最低价格的过程中,严格要求自己,从每一处小细节入手,不断提高成本控制能力。从这个意义上来说,京东以低价竞争,也是竞争造就了京东的低价。

刘强东享受竞争,享受战胜强大的对手所带来的成就感。刘强东喜欢挑战,能开着越野车穿越沙漠。在经营公司上,他也不希望做一个平凡的创业者,甘于现状但求安稳。他曾经说过,要做就做第一,绝不做第二。超越不同的对手就像闯关,刘强东很享受这份惊险刺激。直到现在,只要谈起京东历次竞争,刘强东就神采飞扬,好像那些经历是不可多得的冒险旅程。

思考与启示

做事情，乐在其中更容易做好。一味回避拒绝竞争，更容易在竞争中失利，全情投入才能取胜。

3 不怕成为"电商公敌"

竞争是没办法的，成为行业第一的自然就会成为行业公敌。做搜索的一定把百度当做竞争对手，做新闻资讯的一定把新浪、搜狐当做竞争对手，做即时通讯的肯定是腾讯，做电商的不是京东就是淘宝，别人也没有资格成为行业公敌。我们只是有自己的个性、不为外界所动的公司。其实，最大的竞争对手还是自己。

——2012年刘强东接受《羊城晚报》采访时如是说

背景分析

在刘强东眼里，成为行业公敌非但不是坏事，反而是一件值得骄傲的事情，因为只有做到行业最优秀，才有资格成为"公敌"。

刘强东成为行业公敌，源于他从创业之初到现在一直都坚持的低价策略。几年前，京东还是一家没名气的小公司时，就坚持走低价路线，京东的 IT 产品价格明显低于其他网站，比实体店的价格更是低出许多。许多品牌商和供应商对此忧心忡忡，纷纷站出来指责京东扰乱市场的价格体系。尽管人人喊打，刘强东丝毫也没退缩，似乎推倒现有的行业规则、建立新的价格体系才是他的真实想法。现在，越来越多的同行了解到，京东的低价不是为了竞争而降价，而是建立了一种新的低成本行业模式，在提高成本控制能力的基础上为消费者提供质优价更低的商品。

刘强东被称为行业公敌，还源于他敢于与竞争者争夺地盘，再难也要从别人的碗里分一杯羹。他意识到做 IT 产品的垂直电商没有出路，扩大京东的产品品类势在必行。可是家电、图书、日用百货的市场都已经被瓜分完毕，不抢没有出路。所以，刘强东发起了直接针对家电巨头国美、苏宁的价格战，将更多的线下用户拉到线上；开通京东图书频道,矛头直指当当;开通京东 POP 业务,丰富京东产品品类,抗衡天猫商城。

在行事风格上,刘强东显然不够低调,在他看来,抢占市场、拉客户、竞争,这些都属生意人分内之事,与其装斯文清高不如直接亮剑。这种锋芒毕露的作风,或许也助推了刘强东成为"电商公敌"吧。

思考与启示

企业经营者不用刻意做老好人,光有好名声没有企业的不断发展壮大也是枉然。只要做人正派,做事磊落,成为"公敌"又何妨?

4 超过阿里应该差不多

什么"10 年超过阿里规划"都不是我的原话。 我只是说,互联网所有细分行业,未来谁能胜出,永远用户体验说了算。 我们用户体验比阿里强,超过阿里应该差不多。

——2014 年刘强东接受《创业家》杂志采访时如是说

背景分析

媒体采访刘强东,最喜欢的问题是:你觉得京东能超过阿里吗?对于这个问题的答案,坊间有很多版本,刘强东对此从不刻意去辩白。在他心里,何时超过阿里,就和京东何时才能盈利一样,是水到渠成的事,不是他刘强东一个人说了算的,外界的猜测就更不作数。

时至今日,阿里巴巴电商老大的地位依然无人能撼动。按市场份额来说,淘宝的市场份额高达 50% 以上,京东的市场份额为 19% 左右,京东人自己也承认,他们和淘宝之间的差距还很大,要赶上来还要付出更多努力。

但是媒体多次询问京东的领导者何时才能赶超阿里也不是毫无依据。早在 2008 年,京东的增长速度就已经超过阿里,2011 年京东的增长速度已经是淘宝的 3 倍。京东的自营业务即 B2C 业务规模已经成为中国第一位、世界第三位,占到整个中国 B2C 市场的半壁江山。京东的平台业务 2010 年开通,直接与天猫商城对抗,抢占市场份额的速度正在迅速加快。

事实胜于雄辩，后来者京东有望赶超阿里并不是空口说白话，有数据为证。可是让刘强东信心满满的，并不只是这些数据，他认为，这些数据背后真正支撑京东不断加速奔跑的是京东日益精进的用户体验。用户体验是平台式电商的一个短板，却是京东的一个核心优势。有这一点做保证，京东抢夺第一的位置更多了一份筹码。

不知你有没有注意到，刘强东在谈及能否超过阿里时，用了"差不多"三个字。按照他的行事风格，这应该不是谦逊之词，他只是看透了市场的瞬息万变，深知现在断言谁胜谁输太早罢了。

思考与启示

企业之间的竞争就像下围棋，一时的高下、某个方面的胜负都不能决定最后的输赢。关键要看谁能从全局上控制对方，让对方毫无还手之力，才算见分晓。

5 "价格战会永远打下去"

打价格战不代表巨额亏损，成本低你可以跟任何人打价格战。这不是今年明年的事情，会永远持续下去，没有结束的那天。不光电商，国美和苏宁、家乐福和沃尔玛都在打价格战。沃尔玛有"天天低价"，价格战它都打了 60 多年了。

——2012 年刘强东接受《羊城晚报》专访时如是说

背景分析

尽管出身名校，近些年也多次到各大商学院镀金，甚至连知名的哥伦比亚大学，他也曾前去受过熏陶。但是用"气质儒雅"来形容他，依然不够恰当。刘强东的强势早就强到骨子里，他眼中的杀气，他的枭雄气质，是无论如何藏不住的。

关于价格战，刘强东觉得就和生物进化一样，强者吃掉弱者，是再正常不过的事。而刘强东最擅长做的事，就是小鱼吃大鱼，鲸吞比自己强大数倍的对手，完成不可能完成的任务。

2010 年年末，当当在美国上市。当当正沉浸在喜悦之中时，刘强东宣布刚刚上线不久的京东图书频道将启动图书促销活动。京东与当当的图书价格厮杀,伴随着微博上"口水战"的不断升级,大有愈演愈烈之势。刘强东在微博中放出狠话:"刚有个网友发来短信抱怨,说老刘你的书是便宜,但是也就便宜5%～10%,不给力啊。我说便宜多少才算给力? 他说20%。我说,好,我们调整比较系统,从下周二开始,每本书都比对手便宜20%!"

在这场价格战中,刘强东的收益是巨大的,更多消费者了解了京东图书,知道京东的图书价格和电子产品一样,依然走的是低价正品路线。凭着价格优势和价格战带来的巨大宣传作用,京东的图书销量翻了两番,销售额增加到15亿元。与此形成对比的是,对手的股价下跌,利润转为负值。

如果说图书价格战并不是京东主动挑起的,顶多算是参与,那么与国美、苏宁的家电价格战确是京东主动挑起的。对此,刘强东也毫不遮掩,表示就是要通过价格战建立新的市场体系。通过这场家电价格战,京东同样也收获颇丰,国美和苏宁多年建立起来的家电连锁帝国被撬动,更多用户放弃实体店,选择网购家电产品。

思考与启示

比起花样翻新的商战策略,价格战是一场硬仗,不给对手任何投机取巧的机会,同样也是对自身实力的最大考验。节省运营成本、增强与供货商的议价能力、增加销量都是降低价格的有效渠道。

6 竞争就要越激烈越好

商业竞争是很惨烈的,到最后能活下来的可能就是一两家。 对我们来讲,我所做的一切并没有损害消费者利益,尊重商业规则,也不违法。 那么在这个基本的条件下,所有激烈的手法我们都会采用。

——2011年刘强东接受《南方人物周刊》采访时如是说

背景分析

刘强东果断利落的作风闻名业内,他做事一向不喜欢拖泥带水,就连竞争他也喜欢激烈的，不温不火的竞争在他看来一点也不过瘾。

2012年，京东与线下家电巨头苏宁、国美的价格战，是典型的刘强东式竞争，快、准、狠，由自己宣布"战争开始"，不给对手任何思考的机会。微博成了刘强东的阵地，他通过微博高调喊话："任何采销人员在大家电上哪怕加上一元的毛利，都将被立即辞退。从今天起，京东所有大家电的价格保证比国美、苏宁便宜至少10％以上。如果苏宁卖1元，那京东就卖0元！"这种自残式的激烈竞争虽然被外界诟病，但是刘强东也有自己的想法。在电商领域，刘强东入行不早，想从已经成熟的对手手里抢食，除了硬碰硬没有其他办法。面对比自己更强大的淘宝，京东也从不刻意低调，宣布停止使用支付宝，开放POP平台直接与天猫竞争。

刘强东强硬，乐于激烈竞争，又极讲原则，从不会为了竞争胜出而不择手段。这些年，刘强东因为有话直说得罪了不少人，有人指责他口无遮拦，却从没有人诋毁他的人品。市场竞争永远伴随着阴谋和阳谋。刘强东只用阳谋，从没用过阴谋。有人为了赢得竞争要手段，用一些上不了台面的招数，对此，刘强东非常反感。他深知与国美、苏宁的一战无法避免，但是最初也只是想通过大规模的促销来提高市场影响力。但是行业内的一些恶性竞争手段激怒了刘强东。作为一个毫无背景的平民创业者，某些行业大佬暗箱操作打压京东、扰乱行业竞争风气的做法彻底激怒了他。一场空前激烈的价格战就这样拉开了帷幕。

思考与启示

市场需要竞争，竞争就像活水，保证整个行业充满朝气。竞争要讲原则，不良竞争就像污水，会破坏整个行业的生态环境。

7 谋发展但不能想垄断

任何一个行业只要有垄断存在，这个行业就是不健康的；只要存在垄断，行业从业者的日子就不会过得很好，但从业者并不能指望垄断者放弃利润。

——2013年刘强东在给京东员工培训时如是说

背景分析

不想做行业第一的创业者不是好的创业者。有野心不是坏事,但是野心也要控制在合理的范围之内。争行业第一可以,图行业垄断却不可行。并不是每个企业家都有这样的觉悟,而刘强东对此颇有领悟。

刘强东之所以能有如此高的境界,源于他对中国的电商领域足够了解。与其他行业相比,电子商务行业的发展历程不长,中国的电子商务行业发展时间更短。在一个行业正处于发展初期阶段时,规则尚不够明晰,发展方向也不确定,注定了要百家争鸣,让时间去淘洗,确定这个行业的规则。在这样的时间段去谋求行业垄断,不切合实际,是在做一个不可能完成的任务。

中国的电子商务市场足够大,完全容得下几家规模很大的电商共同存在。而且京东与其他零售公司的发展路径不同,虽然存在竞争,但是也不可能完全覆盖其他公司的业务,因此从未考虑过垄断整个行业。

外界常把京东和淘宝放在一起比较,刻意渲染两家公司竞争之激烈,结局似乎只剩下不是你死就是我亡一条路。实际上,京东与淘宝虽然业务方面有交叉,但是京东更注重自营业务,淘宝更看重平台,二者实际上占领了电子商务的不同细分市场,这种差异化的竞争策略让二者的共存成为可能。再比如京东和线下零售巨头国美、苏宁的竞争。线下和线上用户会有所转移,但是二者的客户群也是基本固定的,习惯线下购物方式的人群,比如老年人,很难被京东拉到线上。而习惯了网络购物的年轻人也不会轻易更改购物方式。因此在未来很长一段时间内,二者共存、平分市场的局面不会有大的变化。

思考与启示

企业要有梦想,但是不能有非分之想。过大的野心不但对别人有害,还会害了自己。创业者一定要把握好尺度,切莫将梦想变成"独孤求败"。

8 主动"约架"

> 我们每年保持150%的增长速度,三年内,我相信两家的规模不可能有多大差距。在这种情况下,双方会有一场恶战,这是不可避免的。不管是8月15日发生,还是10月15日发生,这一战一定会来的。
>
> ——2012年刘强东接受《重庆商报》采访时如是说

背景分析

刘强东树敌颇多,源于他不断扩大京东的野心。要在已经基本划分完各自领地的市场上扩大自己的版图,京东只能通过一场又一场的硬仗。

有人把这些年京东主动发起的竞争归纳为"三大战役"。第一场战役是2009年发起的针对传统3C产品分销商的价格战,京东通过此役确立了3C产品市场霸主地位。第二场战役是2010年年末针对当当发起的图书价格大战,最终确立了京东与当当、卓越平分市场的格局。最后一场也是最激烈的一场就是2012年京东为扩大家电产品市场份额向老牌的苏宁、国美发起的价格战。细数这三大战役,无一不是刘强东主动发起的。刘强东好战的形象也由此而来。

刘强东虽然喜欢主动发起竞争,但是每次和强大的对手开战,绝不是心血来潮一拍脑门决定的。每次决定发起新一轮竞争之前,刘强东都仔细分析自己和对手的情况,深思熟虑后再做决定。

2008年,京东家电品类上线,当时规模小、用户少,苏宁、国美作为国内的家电连锁零售巨头,根本没有把京东放在眼里。但是,几年时间过去,京东的家电业务不但没有按照他们预想的那样消亡,反而做得风声水起,销售额越来越大,用户数量不断攀升,已经到了严重影响自身地位的程度,线下家电零售巨头这才醒悟过来,不赶快把这个"毛猴"压在山下,他就要翻出"五指山"了。

刘强东对此也心知肚明,一旦势力强大侵占到别人的利益,一定会成为对手的眼中钉、肉中刺,坐以待毙也躲不过这一战。俗话说,先下手为强,后下手遭殃。既然退无可退,不如先人一步开战,这样反而胜算更高。于是,就有了刘强东主动"约架"一事。

思考与启示

《孙子兵法》中有一条是"攻其无备、出其不意",善于市场竞争的创业者和企业家也往往选择主动发起竞争,不给对手任何喘息的机会。

9 光脚的不怕穿鞋的

你看当当天天在网上骂我们,我现在都不理他们,我不应战,我的用户也不会少,收入还在往上增长。 大的应战小的,穿鞋的应战光脚的,绝对是傻子。

——2012 年刘强东接受《第一财经日报》采访时如是说

背景分析

有人说,"什么都有的怎么赢得过一无所有的",换成大白话,就是光脚的不怕穿鞋的。刘强东就属于典型的"光脚"创业者,无所畏惧反倒有了今日的成绩。

刘强东曾经在微博上"爆料"过自己受到"威胁"的一件事。几年前,京东已小有成就,令人咋舌的超高增长率,迅速扩大的公司规模,让电商新星的光环越来越耀眼。彼时,已经有财大气粗的业界大佬对京东产生兴趣,找到刘强东,提出要与京东"合作"。但是合作的条件有些苛刻,不仅市场估值低于预期,还要获得京东的控股权。刘强东礼貌地回绝了对方,对方就威胁说:"不合作就要拿钱砸死你,这么小的公司,五亿美金足够了。"刘强东可不吃这一套,瞪着眼睛和对方说:"我开始创业,兜里就几千块钱都没怕,现在就更不怕了。"

最近几年,京东不断成功挑战比自己强大的竞争对手,胜就胜在刘强东的心态好。如果觉得自己还不够强大,没有能力也没有资格挑战对手,京东就没有今日之强大。按常理说,刘强东应该有所畏惧,京东所面对的竞争对手都是经过了更长时间的发展,既积累了资金实力,又树立了江湖地位的行业巨头。但刘强东就是要试一试,他心里清楚,如果自己害怕,那对手一定更害怕,拥有越多的人就越是输不起,越大的公司就越惧怕竞争失利。或许是年纪尚轻,刘强东似乎并不把成败太放在心上,又或许他从一无所有走到今天,对自己颇有信心,哪怕京东在竞争中败下阵来,他也有勇气再回中关村摆摊，深信十年后还能建起一个更强大的"京东"。总之，有了这份不回头的勇气，刘强东赤脚走江湖，硬是闯出了一条自己的路。

思考与启示

有个成语叫"裹足不前"，顾虑太多就无法大踏步前进。既然如此，不如把裹脚布都扔了，光着脚跑，别把心思都放在地上的"石子"和"树枝"上，就能跑得更快。

10 "B2C曹操"的三大战役

这三个领域都是我认为最暴利的行业，而我对暴利的定义有三个标准：第一一定是标准化的；第二它有规模化；第三现有的经营模式成本太高了，如果用新的模式，能够大幅降低成本。

——2011年刘强东接受北京电视台财经《名人堂》采访时如是说

背景分析

从创业之始，刘强东就抱着"低成本低价格"的信念，有媒体把他说成"价格斗士"，仿佛不断降低产品价格从而让利消费者是他必须完成的某种使命。对手口里的话却很难听，说他虚伪，打着低价的幌子抢人抢市场。其实，刘强东没有媒体形容的那么高尚，他从未将自己当成上帝的使者，"价格斗士"也绝不仅仅只为了消费者的利益，对手指责他低价是为了"抢食"没错，但是他也绝非把低价当成幌子，而是实实在在努力地降价再降价。不得不承认刘强东有极强的控制成本的天赋和能力，同样搞零售，卖同一种产品，他就有能力让京东的产品成本低于行业平均水平，京东正是得益于这一点才能发展得如此之快。

刘强东一直给外界留下"好战"的印象，被看成电商行业的枭雄曹操。总结他这几年主动挑战的竞争对手，无不是一家或几家独大，几乎垄断整个行业，利润率高，堪称暴利企业，图书领域的当当、家电领域的国美和苏宁都是如此。

刘强东为什么会选择利润率高的行业下手呢？如果是已经经过充分竞争，利润已经非常微薄的行业，京东即使能力再大，降价的空间也极为有限，价格战就不能产生轰动的效果,抢占市场极为困难。暴利行业却不一样,暴利行业有大幅降价空间,刘强东以低价切入这些市场,更容易获得客户认可,从而快速占领市场。刘强东希望通过低成本运营的模式,来改变暴利行业的运行法则,成为行业的新标杆,拥有更多的话语权。

思考与启示

生意场如战场,要讲求策略才能取胜。有时候,看似强大的对手不一定难以对付,找准对方的软肋,勇于进攻,巨人也会倒下。

11　对手也是朋友

在互联网进入的过程中,我们所有都是竞争关系,也是朋友,在竞争的过程中我们变得更加强大,给消费者提供更好的消费体验,将来我们都是友商。 欢迎所有的友商都去京东商城开店。 我们也是允许竞争对手到我们京东商城上开店的,可以把所有的产品拿到京东商城上卖,而且可以价格比我还低。

——2010年刘强东参加第二届派代会演讲时如是说

背景分析

聪明人能将工作与生活分开。工作就像打一场多人参加的大型游戏,游戏中大家可以拼个你死我活,只要点击"退出",就立刻从游戏角色中抽身而出,与"敌人"把酒言欢。

遇到刘强东这样的竞争对手,既该挠头又该庆幸。挠头的是刘强东太强硬,动不动就打"价格战",任谁都招架不住。庆幸的是,作为竞争对手,刘强东又十分合格。他够聪明,与他竞争完全能体会到与高手过招的感觉。他还够诚信,不会背后使见不得人的招数竞争,公平竞争让你无论是输是赢都心服口服。最主要的是,他公私分明,即使用最惨烈的方式与你竞争,也可以私下里和你成为朋友,喝酒神聊。

当当网的总裁李国庆和刘强东就是一对非常出名的"欢喜冤家"。二人都比较有思想,常常语出惊人,他们利用微博吐槽,常引来众多粉丝围观。京东和当当价格战打得不可开交的时候，二人的微博也一直没闲着，你一言我一语，针锋相对，谁也不认输。就在口水战伴随着价格战不断升级的时候，刘强东的微博中竟然主动调侃说，改天要找国庆兄喝酒，一定比互相攻击更能解决问题。最后，二人是否真坐在一起把酒释怀不得而知，但可以看出刘强东只将李国庆当做生意上的对手，却从未想过李国庆是现实生活中的"仇人"。如果他真是如此憎恨李国庆，以他的性格是绝不会在微博上邀请对方喝酒的。竞争要做，朋友也要交，刘强东这样的对手，真是让人又爱又恨。

思考与启示

最高明的企业家，能在竞争中战胜对手，同时又能让对手心服口服，成为自己的朋友。俗话说，"商场上没有永远的敌人"，抛开竞争能不能交到永远的朋友，就因人而异了。

12 不希望对手死掉

国美出问题，其实对我们来讲并不是好事情，我们也希望三家能够一直存在下去，谁也不要死掉。所有的器皿，至少有三只脚才是稳定的，打掉国美的话，只有两只脚了。

——2012 年刘强东接受《重庆商报》采访时如是说

背景分析

许多悖论到刘强东这儿都说得通。他杀伐决断又格外细腻，善于竞争又不寻求垄断，打击对手气势凶猛同时又不希望对手死掉。

就说"英雄辈出"的家电市场。在京东涉足家电市场之前，苏宁和国美绝对是家电零售领域的佼佼者，市场上没有能与之抗衡的对手。后来，誓要走"全品类"路线的刘强东决定趟一趟家电市场这条河，水深水浅总要试试才知道。都说无知者无畏，刘强东这样明知水深也要下河的更值得敬佩。

刘强东清楚，虽然苏宁和国美是家电市场的领头羊，但是国美的实力早已今非昔比，一连串的公司内部动荡，国美的销售额已经出现下行的态势，而苏宁却在张近东的领导下不断壮大,业绩也是蒸蒸日上。此时,联合实力更强大的苏宁一起对付国美是连圈外人都能想出来的"好办法",可是刘强东没有选择这样做。2012 年,刘强东发起了家电市场的价格战,把矛头更多地指向了苏宁。

在刘强东的微博中,多次提及要和苏宁拼价格,甚至放出"如果苏宁卖 1 元,京东就卖 0 元"这样的狠话,却没有将矛头指向国美的言辞,手下留情的意思非常明显。刘强东之所以这样做,因为他有一套关于市场的"三角"理论。市场好比一只酒杯,要保持平衡最好有三只脚,如果打掉国美,家电市场这个"杯子"只剩苏宁和京东两只脚,必然站不稳,存在倒下打碎的风险。

思考与启示

在市场的大海里,每个企业都是一条鱼。鱼太多了会争食,但是也别以为只剩下一条鱼就是好事,那意味着海里的水质有变化,鱼类已经濒临灭绝。

13 以小博大

大家电领域,国美、苏宁的规模是京东的十倍。 我们为此付出的代价,肯定最多只有它十分之一,但效果一样。

——2012 年刘强东接受《小康才智》采访时如是说

背景分析

"田忌赛马"告诉我们的道理,就是不要拿自己最强的部分去与对手最强的部分比拼,要有大局观,为了最后的整体胜利,有时候,拿自己最弱的部分去抗衡对手最强的部分反而是上策。

刘强东不爱看兵书,甚至不喜欢战争题材的影视作品,但是深谙这些兵家道理。2012 年京东向大家电领域发起的价格战就是个很好的佐证。

京东的大家电品类刚刚上线不久,销售额还非常有限,如果说 3C 产品是京东的拳头的话,那大家电顶多只能算京东的一个小手指,销售额在整个京东的销售额中占比只有 10% 左右。

苏宁国美却不同,他们都是中国家电零售领域的开拓者,经过了十几年的发展,在家电零售市场中的地位稳如泰山,尤其是大家电,销售额占到整体销售额的 60% 以上,绝对是两家企业的最核心产品。

京东拿自己占比很小的部分去挑战苏宁国美的核心部分,有百利而无一害,这一点刘强东早就算准了。价格战就是比拼谁的价格低,有的时候甚至会为了竞争赔本销售。京东的大家电销售额低,苏宁国美的大家电销售额高,如果京东亏损的数字是个位数的话,后者亏损的数额就是前者的十倍。为了"陪"京东打价格战,苏宁和国美会损失更多的现金流,付出更大的代价。

通过这种自不量力式的竞争,京东只付出很小的代价,就宣传了新上线的大家电频道,让更多消费者了解到京东的大家电价格更便宜。事实也证明,京东这场以小博大的价格战是成功的,苏宁国美的市场被轻易撬动,京东没费多少力气就赢得了几百亿元的市场。

思考与启示

成功的创业者和企业家,一定是先天的或后天培养出的兵法高手。市场千变万化,与大小对手竞争像极了兵家对战。以智取胜,再难搞的市场也能得来全不费工夫。

第七章 | 绝不忽悠的营销之道

1 口碑是最省钱的宣传

建议不要花钱推广，来一个客户就伺候好一个客户，让这个客户给你推广。京东在 2007 年之前的四年发展中，连个市场部都没有，更没有花过一分钱进行推广。全部是口碑相传来的客户。

——2010 年刘强东在微博中回答粉丝提问时如是说

背景分析

口碑宣传不是最快的宣传方式，需要耐得住寂寞、禁得住等待，方可见成效。一开始，刘强东在中关村摆摊，采取定价销售的方式，因为不接受议价，曾一度吓跑不少客户。那些客户转了一圈，比来比去还是京东多媒体最便宜，就又陆陆续续地找回来。只要在京东有过一次购物经历的人，最后都会成为这个小摊位的忠实老顾客，因为他们发现这个摊位的老板卖东西不但价格便宜，而且保证是行货，绝不会骗人。口碑效应就是这样，一开始不明显，但是经过时间的积累，能量越来越大，一旦爆发就势不可当。

2004 年，京东正式结束线下业务，进军电子商务市场。当时的京东只有几十个员工，资金有限，连个做宣传推广的市场部都没有，就凭着"酒香不怕巷子深"，客户数量不断增加。当时，刘强东最在乎的就是用户的口碑，将自己全部的空余时间都用来看用户的留言，及时了解用户的诉求，每天都趴在床上给用户回帖。至今仍让刘强东引以为傲的，就是京东商城最初的用户一个都没丢，一直到现在都是京东的忠实用户。

现在，京东商城的口碑宣传已经成效显著，越来越多的消费者认同京东，觉得京东就是低价正品的代名词，这对京东来说是一笔巨大的无形财富，是花多少钱做广告都无法做到的。

思考与启示

时代不同，一切都在提速，成就一家名店的时间也许已经无需百年；但是诚信的口碑，仍然是企业成长壮大不可或缺的因素。口碑是一家企业的根基，根基稳则企业强，根基动摇则企业不保。

2 营销不等于忽悠

我们的商业逻辑是什么？ 不是要靠忽悠客户、涨价、提高毛利率获利，而是要通过降低成本获利。 如果成本比你降 30％，卖价比你低 5％，我可以赚钱。

——2012 年刘强东在中国人民大学"未来大讲堂"上发表演讲时如是说

背景分析

从京东上线的第一天开始，刘强东就着力打造京东的两张底牌，一张是用户体验，一张是低价。但是，对于京东一直对外宣传的低价策略，许多人怀有疑问。他们觉得刘强东是在作秀，一直以来只营造了低价的宣传效果，从未有任何降价的实际行动，这种忽悠式的宣传方式，极大地伤害了消费者的利益。对此，刘强东给出了更有说服力的解释。

消费者的眼睛是雪亮的，现在网络如此发达，消费者想要比价，根本无需专业的比价工具，只要打开几家不同的购物网站看一看，到实体店里走一走，很容易就能知道谁的价格更低。如果京东真的如外界所说靠忽悠欺骗消费者，早就应该被消费者识破。但事实是，近年来，京东的客户数量一直在增长，到现在为止已经有超过 1 亿的注册用户。一个人有可能被忽悠，一亿人都被忽悠总是不现实的。

实际上，京东这些年一直都在致力于降低产品价格，从每一个小细节入手，在成本控制上做到极致。刘强东曾经在接受采访时，谈到京东的包装纸盒，分成大小不同的几个型号，多大的商品就选用多大的纸盒包装，绝不浪费一点不该浪费的资源。在刘强东的不懈努力下，京东的运营成本一减再减，远远低于同行业的平均水平。

这些年，京东能够不断获得风投青睐，成功完成一轮又一轮融资，也源于刘强东一直强调成本控制并取得了成效。风投是比用户更专业、更有经验的专业机构。若京东的低价为假，是无论如何都不能骗到风投的。

思考与启示

在许多创业者眼里，营销就是带有自夸性质的吆喝。真正的企业家才知道，营销本质上是一种广而告之，让消费者了解自己的好处，绝不会无中生有。

3 别把钱烧在广告上

最后，还是建议所有的电商，大部分的钱不要用来烧广告。我一直反对电商烧广告，流量是不靠谱的，应该把大部分的钱投到用户体验改善、仓储配送、信息系统上。如果一家电子商务公司拿了风投的钱，70％到90％的钱是用来改善用户体验，我相信，这家公司一定有价值。不管它能不能独立上市，都能成功地渡过这个冬天。

——2012年刘强东接受《中国企业家》采访时如是说

背景分析

2006年年底，京东计划在原有3C产品基础上扩大产品品类，需要资金，想到找风投融资。今日资本总裁徐新在朋友介绍下见到刘强东，两人只交流了四个小时，徐新即同意为京东注资，而且注资金额远远高于刘强东要求的数额。徐新在事后说到这次投资时表示，她决定为京东投资，一是觉得刘强东本人能力强，有做零售的某种气质，二是觉得京东的运行良好，各种数据都显示出巨大的发展潜力。还有一点更重要，就是京东在没做一分钱广告的情况下就取得了几千万元的销售额。不把钱烧在广告上，说明这家企业很理智，理智的企业才能获得长远发展。

刘强东一直重视口碑胜过广告，许多电商对这种老套的做法一度很不屑。按照现在的市场规律，酒香也怕巷子深，没有广告，产品再好也很难获得客户的认同。许多电商都是按照这种战略经营公司：拿到融资以后，不是想着怎样让消费者体验更好，怎样才能加强物流建设和信息系统，而是把钱花在广告上，希望通过广告的力量迅速拉大流量。结果广告就像迅速烧着的纸，燃起来火红一片，但是火苗只会短暂燃烧就迅速熄灭。刘强东不认可这种"烧钱"的做法，他认为广告可以做，但是一定要掌握好度，否则就会深陷其中不能自拔。现在京东每年的财务计划里广告费用只占一个很小的比例,广告费用支出增加要以全年销售额的增加为前提,绝不会随意扩大广告费用的比例。刘强东把节省下来的钱用在了改善用户体验、建设仓储物流和建设信息系统上,在他看来这才是更有价值的。

思考与启示

对企业来说,广告是不可或缺的,不做广告未免与时代脱轨,但是也不能过于依赖广告,否则容易舍本逐末,连自己都被虚假繁荣的表象欺骗了。

4 酒香不怕巷子深

我们始终不把市场推广当做业务的一个推动力,这对于我们市场人员是一个打击。 我们一直强调用户体验,我们相信酒香不怕巷子深。

——2012 年刘强东接受《中国工商时报》采访时如是说

背景分析

酒香不怕巷子深,如今是一句不太吃香的老话。供给严重大于需求的市场环境,注定了谁能吸引消费者的眼球,谁才有机会胜出。然而,刘强东和他的京东是个例外。多年来他们从不过分宣传,更专注于用户体验,却在竞争激烈的诸多对手中脱颖而出,散发出越来越浓的酒香,让消费者闻香而来。

在介绍刘强东和京东的时候,用户体验是多次被提到的一个词。用户体验的成功决定了刘强东的成功和京东的发展,它真的足够重要,以至于反复被提及也不为过。不仅如此,用户体验并不是"我对你好立刻就能做到"那么简单。它是一个系统的工程,需要花时间慢慢提高,并不是说谁有钱,拼命砸钱,一夜之间就能砸出无与伦比的用户体验。这些年来,刘强东一直强调提高用户体验,不是因为提高用户体验很容易做到,恰恰是因为它门槛很高,受许多现实因素的制约,是一件极难实现的事。

用户体验与公司的利润率之间有着非常微妙的关系。在一般创业者看来,提高用户体验是需要投入大量资金的,以京东为例,长期投资仓储物流、信息系统需要大量资金，然而改善用户体验又不能立竿见影，甚至会在一定程度上影响公司盈利，在许多人眼里这是一件得不偿失的事。然而刘强东将眼光放得更长远，提高用户体验虽然会占用一部分盈利，短期内还有可能造成公司亏损，但长期来看对公司发展益处更大。良好的用户体验是企业胜过竞争对手、占有更大市场的唯一有效的利器。如果企业的用户体验做到足够好，再深的巷子也藏不住浓浓的酒香，相反只有那些只注重广告、推广策略，却忽略了最根本的用户体验的创业者，才会认为"酒香不怕巷子深"已经过时。

思考与启示

许多创业者觉得"酒香不怕巷子深"早就过时了，于是拼命在宣传推广上下工夫，却忽略了产品本身。其实不论到什么年代，只要酒足够香都会有人闻香而来。创业者一定要在自身产品和服务上做精做细，这才是赢得客户、战胜对手的王道。

5 技术营销

技术营销是京东的核心能力之一。有的人会问，京东商城的技术营销能够做点什么？那么，我可以告诉大家，京东可以提炼出大量的数据，比如你的家庭年收入多少、你消费偏好是什么等等。通过分析这些数据，京东把合适的产品推到合适的用户前面。

——2012年刘强东接受《环球企业家》采访时如是说

背景分析

刘强东对京东的定位是一家以技术驱动的供应链服务提供商。在刘强东眼里，技术非常重要，渗透到整个公司运营的方方面面。甚至市场营销推广，也和技术息息相关。

人们似乎认为营销只关乎热点、创意，与技术沾不上边。这种想法早就过时了。有一个关于技术营销的典型案例，是说一家外国的超市比父亲更早知道女儿怀孕的消息。因为根据女儿购买测孕试纸的购物信息，超市预测这个消费者可能已经怀孕，然后会根据消费者留下的联系方式向其推送孕妇可能需要的商品。

在京东,研发部是一个非常重要的部门,刘强东高薪聘请专业人才开发公司的信息系统。这一强大的信息系统不仅包括了仓储物流、商品、供应商信息,更重要的是包含了海量的用户信息,用今天的时髦叫法就是大数据。在软件工程师的巧妙理顺下,这些本来杂乱无章的数据变成了一条条对公司运营极有帮助的数据。这些数据不仅显示了某种商品一段时间的销售情况,也能预测今后的销售情况,公司可以根据这些预测数据决定采购商品的数量和时间。同样,这些工具也可以帮助公司进行市场推广。比如,可以根据用户的不同特征,比如年龄、收入情况、购物偏好等,让系统自动向其推送可能喜欢的商品。

技术营销的特点是推送商品更准确。毫无技术性、目的性的推送因为不符合用户的喜好往往费力不讨好。而技术营销以分析客户信息为基础,根据用户的特点喜好推送商品,商品受欢迎的几率更高,因而商品成交的几率也更大。另外技术营销效果更持久。花费大投资寻求轰动效应的广告,只能带来短暂的宣传效果,广告的影响力持续时间不长。而技术营销一旦掌握了某个用户的数据,就可以持续不断地向其推广商品。

思考与启示

现在企业的生存法则,可以套用那个著名的句式:有技术不一定能成功,没有技术却是万万不行的。谁能更好地运用技术,谁就更可能走在前面。

6 做对消费者有意义的事

能够让我们的用户在他需要的任何时间任何地点看到他需要的书,这是最主要的。 电子书比别人便宜5分钱1毛钱我觉得没有任何意义。

——2012年刘强东在媒体见面会上如是说

背景分析

刘强东致力于做一家有价值的公司。在他眼里,公司的价值就在于可以为消费者做有意义的事。意义不仅来自于以更低的价格为用户带来实惠，也来自于为用户带来便利，能及时满足客户的需要。

2012 年，京东上线电子书。与 3C 产品、大家电、服装百货比起来，电子书是一个利润非常微薄的品类。就算京东垄断了整个电子书市场，也没有多少"油水"可捞。既然如此，京东为什么还要着急上线电子书呢？对此，刘强东说出了自己的想法。

京东要为消费者做有意义的事，成为一个无所不能的网站，可以随时满足用户的一切需求。随着网络的发达，人们已经越来越远离纸质图书，看电子书成了时尚的休闲方式之一。京东正是为了满足消费者的这种需要，才上线了电子书。这样，京东的忠实用户们就不必再费力到别的网站购买电子书，在京东就能实现一站式购物。

后来，京东提出了一句颇有想象力的内部口号：One world, One shop! 意为地球村只需要一家商店就够了。许多人觉得这句口号霸气外漏，表露了刘强东一统电子商务市场的野心。但是，除了野心之外，我们也应该看到京东致力于为用户提供一站式服务，成为用户身边不可或缺的一分子，随时满足用户的一切需要。刘强东当初放弃做垂直 IT 电商，向全品类综合电商发展，也是意识到 IT 电商就算提供最优质的服务，也只能满足用户一个方面的需求，对用户来说意义有限。如果能够做好全品类服务，就能满足用户的更多需求，为用户创造更多的价值。

谁能为用户带来价值，谁就能吸引用户；谁的价值大，谁就能占领更多的市场。做对消费者有意义的事，对消费者和企业都有利。

思考与启示

谁真正为消费者着想，谁就能赢得消费者的心。企业家一定要坚信，消费者的眼睛是雪亮的。用心为客户利益考虑，用更实惠的价格、更精准完美的服务去打动消费者。

7 你走阳关道，我过独木桥

这是两种完全不同的模式。平台运营有平台模式的价值和优点，我们是以供应链管理体现价值。老实说，平台模式是没有能力去管理供应链的，真正给这个行业和品牌商带去价值的是你的供应链和管理能力。

——2012年刘强东接受《财经》采访时如是说

背景分析

京东和淘宝有区别吗？不太了解电子商务的人会说他们都是电子商务公司,都做网上零售。没错,从广泛的概念上说,两家公司都是做线上零售的电子商务公司,但是如果再细分的话,他们的经营策略差异还是非常明显的。淘宝的核心优势在于它的C2C(个人与个人之间的电子商务)业务,京东的核心优势是它的B2C(企业对个人的电子商务)业务。

提起淘宝,消费者首先想到的是成千上万的卖家。他们都是在淘宝平台上自主开店的业主,从产品到销售都由自己负责,卖什么、怎么卖、赚钱与否都与淘宝无关。淘宝只通过收取佣金赚取利润。也就是说,淘宝虽然经营网络零售业务,但是既不采购产品,也不负责销售,只是为卖家提供销售的平台,就像为赶集的商家提供场地一样。

京东商城上线时间较淘宝晚,它没有复制淘宝的老路,而是以线下业务为蓝本,做起了B2C业务。如果说C2C业务类似集市的话,B2C业务就类似于超市,要自己先出资金购买产品,再把产品卖给消费者。既要负责采购产品又要负责销售是B2C与C2C最大的不同。

有人说,现在淘宝和京东之间的差异正在缩小,随着天猫商城的上线和京东POP业务的正式开通,两家都涉足了B2C与C2C业务。实际上,京东上线的POP业务也与淘宝提供的平台服务有很大的不同。京东给自己的定位是一家供应链服务公司。与京东商城合作,无需费心仓储物流和宣传推广,京东商城会为商家提供一站式的供应链服务,商家只需要将精力放在提供优质的产品上就可以。

京东作为一个后来者能够一直保持高速发展,迅速跻身行业领先位置,就因为京东一直都在寻求差异化的发展路径。京东看不上人头攒动的阳关道,却要走一座独木桥。独木桥难走,京东却乐此不疲。

思考与启示

想要让消费者感知到公司与其他企业不同,不仅要靠营销,更要靠实际上存在的差异。你与别人不同,不仅要靠说的,更要靠做的。

8 以点带面

因为京东已经有 260 多万注册用户，他们希望所有的东西都在京东上买，推出百货产品是为了满足这些用户的需求。我可能三年五年内都不会花多少精力，99％的时间和精力还是放在 3C 上，直到让它的销售额稳稳地超过 100 个亿。但是如果十年之后来看的话，我可以告诉你，京东一定是大而全的。

——2011 年刘强东接受《创业家》杂志采访时如是说

背景分析

许多人把京东比喻成中国的亚马逊，刘强东也从不否认亚马逊的创始人贝索斯是他的偶像。刘强东喜欢研究亚马逊，京东的发展处处体现出亚马逊的中国化。

在亚马逊的诸多发展精髓中，刘强东最赞成以点带面的发展策略。最初，亚马逊也是一家垂直电商，专做图书类产品。经过几年发展，当客户数量和资金积累达到一定程度之后，亚马逊开始寻求更大规模的发展，开始将触角伸向百货和其他领域，最终成为美国规模最大的在线零售平台。

纵观京东的发展历程，也是走了同样一条道路。先是以最具核心优势的 3C 产品切入市场，在原有京东多媒体积累的渠道优势、客户资源基础上，迅速发展成极具竞争力的 3C 产品零售网站。凭借着低价优质的产品策略，京东商城上线两年，没做一分钱广告，就达到了近 8000 万元的销售额。刘强东觉得时机成熟，2008 年将触角伸向了家电领域。运营一年之后，京东服装百货频道上线，随后京东图书频道上线。现在，京东的产品品类更加丰富，不仅卖房卖车卖机票，还卖自种的绿色有机大米。

尽管如此，刘强东说，未来一段时间，3C 产品仍然是京东的主打商品，因为 3C 产品是京东商城的一个亮点，是最抓消费者眼球的部分。通过销售 3C 产品，将低价正品的观念种到消费者的心里，再上线其他品类时，就更容易被消费者接受。以 3C 产品切入市场还有一个好处，3C 产品价格比较高，消费者习惯在京东花几千元买 3C 产品，再来消费更少的钱买百货或是图书，心理上更容易接受。

思考与启示

为什么每个公司都要打造一款拳头产品？拳头产品不仅本身有吸引力,能给公司带来价值,还能够吸引消费者关注公司的其他产品,从而带动整个公司销售额的提升。

9 价格战也是一种生意

京东上卖几百个品牌的产品,在你的品牌上我可以不赚钱,甚至亏本卖。 但是让大家都知道网上便宜,都到网上来买,这对你冲击得更厉害。

——2012 年刘强东接受《新快报》记者采访时如是说

背景分析

媒体给刘强东起了一个绰号叫"战争狂人"。的确,这些年,刘强东发起了多场"战争",而且无一例外都是价格战。最早与 3C 传统渠道商的价格战,2011 年与当当的图书价格战,2012 年与苏宁国美的家电价格战,每一场都是打得如火如荼,成为当时最受舆论关注的热点事件。对此,刘强东从不讳言,价格战也是一种生意。

许多人知道京东的名字要晚于淘宝,实际上京东上线确实比淘宝晚一年。淘宝走的是 C2C 路线,上线之初就有极为丰富的产品品类,迅速抓住了消费者的眼球。而京东走的是 B2C 路线,最初只有 3C 产品,用户数量相对较少。刘强东之所以不着急,是因为他要走一条和淘宝完全不同的发展道路。在他眼里,赚钱不急于一时,他要先布局,再收网。这些年,刘强东一直专注建设淘宝从未涉足的自主仓储物流,就是京东差异化路线的重要方面。除此之外,"低价正品"也是京东专门针对 C2C 平台提出的竞争策略。C2C 平台无法自主控制产品质量和价格,一切都由第三方卖家说了算。京东针对 C2C 平台的这一弱点,决定在价格上大做文章。

刘强东非常聪明,他的每一次价格战,都是精心策划的结果。其中,他的个人微博功不可没。如果说微博最初只是一个社交平台的话,现在它更像是一个营销宣传平台。这样免费的营销平台,刘强东一定要好好利用。每次价格战,他都是在微博上首先发起攻势,用非常简短的几句话,就将京东的价格战目标、对手等通过他的粉丝和更多的围观者传递给消费者。这种几乎受全民关注的价格战，让京东"低价正品"的宣传口号深入人心，越来越多的消费者开始关注京东并成为京东的忠实客户。

思考与启示

宣传并不限于搞活动、找明星代言，这些形式浪费大量金钱，效果却不够轰动也不够持久。宣传就是造势，要善于抓住消费者的心理，利用小工具，完成大宣传。

10 我为京东代言

一个同学告诫我少在微博谈公司和行业的事情，避免被攻击；另一同学告诫我别在微博上谈社会，小心被整；还有一朋友告诫我别在微博上谈论风花雪月，影响形象；昨日又一个朋友告诫我别在微博谈诸如做菜等生活之事了，不像个企业家；今日我要告诫我自己：做个真实的自己，想说什么就说什么！

——2011年刘强东在微博上如是说

背景分析

在成功的企业家中，刘强东应该算是年纪比较轻的。他喜欢玩微博，常常语出惊人，引来众多粉丝围观。微博不仅是刘强东表达自己的平台，也是展示京东的绝佳舞台。

为自己的公司代言，刘强东并不是先例。华人首富李嘉诚，从来不介意有关他生活起居的事情成为新闻。企业的首席执行官亲自出马为自己公司代言的例子也不少。聚美优品的代言人是一位年轻帅气的帅哥，你可别以为他是某位没见过的明星，实际上他就是聚美优品的创始人兼首席执行官陈欧。还有老牌的空调品牌格力，各大城市都能看到董事长董明珠亲自为自家品牌代言的巨幅海报。

刘强东虽然没有亲自登上广告海报，但是也从另一些渠道，通过微博、访谈等展示自己的形象，从而间接起到宣传京东的效果。当然，并不是每个企业家都适合做企业的代言人，只有那些个性鲜明、创业经历非比寻常的创业者才适合通过展示自己顺带展示企业。刘强东恰恰就是这样的创业者，他人格魅力突出，有感染力，创业经历足够丰富,领导能力足够突出,通过宣传刘强东来宣传京东,相比大投资的硬广告能起到事半功倍的效果。

刘强东为京东代言,好处不少,其中有最重要的两大益处:一是省下了大笔的广告费。请明星需要花钱,请当红明星更要给出天价,刘强东自己为京东代言一分钱都不用花,绝对经济划算。二是刘强东作为京东的董事长,他的形象被公众接受认可,意味着京东能够获得更多的信任和支持,这是花多少钱做广告也达不到的效果。

思考与启示

企业的领导者不要以为营销只是市场部的事,只要让消费者了解企业和产品就可以。有时候营销自己比营销企业更有效,更能让消费者对企业和产品产生好感。

11 让盲点区都知道京东

在一、二线城市,京东具有一定的知名度,像北京,也是 2012 年唯一的一个城市,我们超过了淘宝天猫的……还没看到上海的数字,有可能上海也会超过淘宝天猫,意味着在一线城市,京东的竞争力逐步显露出来了。 在三线城市,我们的知名度和客户群体比阿里小很多很多,我们做了调研,在许多小城市一提淘宝大家都知道,没有人不知道,提京东好多人不知道,甚至 90% 不知道京东,这是很大的劣势,但是意味着我们具有巨大的机会。 如果有一天三线、四线城市像知道淘宝天猫一样知道京东,价格很便宜、服务非常好、售后有保障这么一个网站,我相信我们会取得更大的一个市场份额。

——2013 年刘强东美国游学归来后接受媒体采访时如是说

背景分析

电子商务发展到今天,已经不仅仅是少数超级大城市消费者的特权,越来越多的三四线城市甚至乡镇村民也开始加入网购的队伍。未来,京东要谋求更大的市场,仅依靠在少数大城市的用户数量优势显然行不通,还要迅速在三四线城市甚至更小的县城、村镇打开知名度。

具体怎样迅速在三四线城市打开市场，刘强东计划分两个方面。一是在物流上下工夫。以往，京东虽然一直在大规模自建仓储物流，甚至对外宣传物流速度已经超过亚马逊成为全球最快的电商。但是这仅限于一线城市和少数二线城市。2013年年底的京东招股书显示，"京东在31个城市提供'211限时达'服务，在206个城市提供次日达配送服务"。在三四线城市，京东的物流速度显然还不够快。未来，刘强东会加强对中小城市的物流建设，实现中小城市物流提速，争取早日达到一线城市的送达速度。不仅如此，京东还会将快递网络延伸到三四线城市的郊区，包括下属的区县还有乡镇。在一些发达地区，比如长三角、珠三角地区等，京东的快递网络将延伸到村。

除了物流要更"快"，京东也会在三四线城市加大广告投放力度。考虑到这些地区网络广告效果有限，刘强东计划在这里投放更直观的落地广告。

思考与启示

公司提高销售额，要靠不断扩大市场。一个地区的销量再高，总有饱和的时候，不断开拓新市场才是上策。

12 改变消费者对网购的印象

京东商城百分百的用户来自淘宝，他们不能忍受假货，才到京东商城。 我非常感谢马云老师。

——2012年刘强东接受亿邦动力网采访时如是说

背景分析

自诞生以来，电子商务给消费者带来了很大的便利，但奇怪的是许多消费者对网络购物并无太多好感，因为存在太多假货、水货、次品，社会评价不高。许多消费者在网上下订单，都是抱着侥幸心理。

刘强东针对网络购物的这一现状，在营销推广上侧重于强调"正品行货"的概念，让京东成为消费者心中正品的代名词，这的确是抓住消费者心理的一次成功营销。

关注刘强东的人会发现，他每次出现在公众面前，除非不开口，只要开口就会提到京东的核心竞争力——低价正品。这样反复地通过媒体向公众宣传,让消费者对网购的印象有了变化,京东的形象得到提升。

京东的低价正品,不只是停留在营销的层面,是一句响亮的宣传口号,更是实实在在的行动。京东上线之初就选择了 B2C 的方式,也就是相当于网络超市模式,自己找供货商进货,再把商品卖给消费者。现在,京东虽然也开通了 C2C 业务,但最主要的商品品类,如家电、数码、3C 产品等还是自营模式,这就从货源上保证了全部为正品行货。此外,京东商城售出的大部分商品都附有正规发票,给消费者以更高的可信度。

刘强东极力改变消费者对网购的印象,实际上是在争取更多的客户。因为截至目前,淘宝的用户数量还远远高于京东商城。就像刘强东说的,京东新增的客户,很大一部分都来源于淘宝。那怎样让客户"喜新厌旧",新的一定要比旧的做得更好,让用户购物更有安全感。

思考与启示

公司不怕小,只怕不了解消费者的需求。只要了解消费者的心理,满足了消费者的需求,小公司也有春天。创业者要找准定位,在满足消费者要求上做出特色,做出成绩,获得消费者认可。

13 最后一公里最重要

配送站难就难在管理,而不在于投资,因为这么多配送员天天骑车出去了,没人跟着他,他能不能对客户微笑,能不能把客户服务好,很多很多问题,管理者比较难。 所有配送员都是跟京东公司直签的员工,这些人实际上是我们的最后一公里。

——2011 年刘强东接受王利芬采访时如是说

背景分析

电商与实体商店最大的不同,就是缺少和消费者面对面交流的机会。一般的电商,将物流交给第三方快递公司来做,实际上只有客服一条渠道可以和消费者交流。客服一般又是针对投诉或者售后服务的,一般的消费者得不到和电商互动的机会。交流是信任和产生好感的基础，电商的软肋就在这里。

在这一点上，京东商城做得可圈可点，这得益于刘强东一直努力建设的自主物流系统。京东 2013 年年底提交的招股书显示，截止到 2013 年年底，京东在 460 个城市拥有 1453 个配送站和 209 个自提点，京东的配送人员超过 1.8 万人，仓储人员超过 8000人。按照京东员工的增速计算，2014 年年底，京东的配送人员数量一定又是一个更大的数字。这些配送人员不是其他快递公司的员工，全都是身穿京东红色工作服、与京东直接签约的员工。这些员工全都经过专业的培训，不仅知道走哪条路能最快地把包裹送到用户手中，也知道应该怎样礼貌微笑地服务。

正如刘强东所说，这些快递人员是京东的最后一公里，是京东与客户交流的宝贵时机。配送人员的服务专业、得体，会给用户留下深刻印象。不仅如此，这最后一公里还蕴藏着更大的能量，未来还会发挥更大的作用。未来，刘强东计划把这支配送队伍培训成营销队伍，在上门服务的同时帮助京东营销推广新产品，实现一举两得的目的。

思考与启示

俗话说，事是死的，人是活的。企业经营也要讲创意，讲变通，并不是只有市场部的人才管营销、会营销，如果条件允许，其他部门的员工也可以改造成营销人员。

第八章｜寻找另一种盈利可能

1 做不赚钱的公司是可耻的

一家不赚钱的公司一定是非常可耻的，所以我也很羞耻，有羞愧的感觉，不能够给股东创造现实的利益。但是如果一家公司在不该赚钱的时候赚钱了，那是非常愚蠢的。所以我宁愿忍受暂时的羞愧，也不愿意持续地愚蠢。

——2012 年刘强东在中国人民大学发表演讲时如是说

背景分析

京东商城在 2004 年上线，增速连续 6 年超过 200％，但是根据京东对外公布的消息，直到 2013 年才实现微盈利。什么时间才能实现真正的大规模盈利，刘强东一直没有给出准确的回复。

公司以盈利为目的，获得利润是一家公司存在的价值的体现，是公司的头等大事，但在刘强东眼里，盈利却是个附属品，只要把应该做的事情都做好了，盈利就会在未来的某个时间自然而然地产生。说得如此轻描淡写，很容易让人误解刘强东不着急赚钱。实际上，实现盈利、为股东创造现实的利益一直都是刘强东最大的愿望。之所以要等到水到渠成的那一天，是因为他的目标更大，希望获得更大的收益。

刘强东的父母做跑船生意，从小家里只有一条船，辛苦努力但是赚来的钱非常有限，那时候他就想，自己长大了一定要买更多的船，这样就能赚更多的钱。现在，刘强东正在京东的身上实现他从小的梦想。他认为，一家公司只有规模达到足够大，才可以依靠规模获得更多的利润。在公司还没有完成基础建设，没有达到预想规模之前，就急于赚钱，好比是杀鸡取卵，对公司的发展有害无益。刘强东说这种行为很愚蠢，所以宁愿忍受暂时不能盈利的耻辱，也不会这样做。但是，随着京东的上市、京东自主物流体系和信息系统的建设完成，刘强东"雪耻"的日子越来越近了。

思考与启示

所有的公司都希望盈利，但创始人的愿景有所不同，有的创始人希望尽快赚钱，只做一家小而美的公司就可以，但是有的创始人格局更大，他们希望先做事业后赚钱。想做哪一类，由你自己选择。

② 盈利含在价值中

1998 年我创业，到今年 11 年，我还从来没组织过一次会议去商讨怎么赚钱、怎么盈利。 我的理念是一家公司一定要追求自己的价值，为千千万万的家庭带来简单快乐的购物体验，给供货商带来价值，这样一个有价值的公司盈利也是必然的。

——2009 年刘强东接受 21CN 记者采访时如是说

背景分析

企业和人一样，都要找到自己存在的价值，价值越大，意味着被更多的消费者认可和接受，可以占领更广阔的市场，同时获得更多的利润。一家企业要考虑如何赚钱，不如先考虑为用户创造价值，因为盈利就蕴含在价值中。

在京东，努力为用户创造价值是每个员工都要认真思考的问题。作为创始人兼领导者的刘强东，更是时刻不忘提高京东的价值。

京东是一家在线零售网站，相当于一家超市，对一家超市来说，商品越齐全，对客户的价值越大。京东上线时，刘强东的初衷是只做一家成功的 3C 产品电商，但是后来他意识到垂直电商的价值在将来会被全品类电商覆盖，力排众议不断上新产品品类，决定将京东发展成全品类电商。

电商的价值大小，还取决于是否能提供更快的物流服务。刘强东一直投资仓储物流建设，现在，京东已经在全国多个城市推出"211 限时达"服务，最快上午下订单、下午就可以收到商品。未来，京东还计划在更多的三四线城市、一些经济较发达地区的县城和乡镇开通"限时达"服务，让京东的"快"惠及更多的消费者。

京东的价值，不仅体现在对客户的服务中，供货商也可以分享京东的发展成果。随着京东销售额的不断攀升，京东成了供货商销售商品不可或缺的重要渠道。京东凭借着强大的能力，可以为供货商解决营销推广、仓储物流等一系列服务，为他们提供更多的便利，帮助他们获得更多的利润。

思考与启示

经济学原理告诉我们,价格是价值的外在表现,尽管有的时候价格会围绕价值上下波动,但价值始终与价格成正比应该没错。因此,企业要盈利,不仅要讲究竞争策略、讲营销手法,更要在提高价值的内功上多努力。

3 盈利是水到渠成的事

我没有什么压力,我们每天把钱花在最有价值的部分,盈利是一个自然而然的结果。 为社会、消费者创造巨大价值的公司,盈利只是一个时间问题,我们现在不盈利的问题是投资太大了,面临短期亏损是一个很正常的事情,我们现在的亏损都是面对未来五年的投资。

——2013 年刘强东接受《经济观察报》采访时如是说

背景分析

许多创业者认为盈利是人决定的,但对刘强东来说,这个观点显然不够客观。作为一个从小接受唯物主义教育的高材生,他认为盈利和其他万事万物一样,主观努力只是一个推动力,盈利本身仍是一个自然发展的结果。

在京东,刘强东从不会与员工讨论何时盈利以及盈利多少的问题。他更像一个挖井的人,不把心思放在何时出水这种很难主观下定论的事上,他更坚信只要勤勤恳恳,一直不停地挖下去,水一定会喷涌而出。当然,也要有个前提,就是这块地一定是经过勘探水资源丰富。

外界一直质疑,认为刘强东的说法是托词,因为一直没有实现大规模盈利,才故弄玄虚。对此,刘强东给出了清楚的解释,京东过去没有盈利是因为投资了现在,现在仍然没有实现大规模盈利是因为投资了未来。

京东有三次可以实现盈利、向众人证明自己的机会。第一次是 2006 年,京东为了扩大产品品类放弃了盈利;第二次是 2007 年,京东决定自建物流;第三次是决定建设POP 平台,为进军 C2C 业务铺路。现在,京东的产品品类较当初丰富数倍,自建物流初见成效,POP 平台已经对外开放,当初的利润转为投资后,同样的资金却带来了不可同日而语的收益。当下,刘强东要做的事情还有很多,为了一个更强的京东他还会放下眼前利益,继续做他认为更需要做的事。

思考与启示

对一个公司来说,盈利是一个最希望尽快实现的目标,又是一件最急不得的事情。俗话说,欲速则不达。要有下完整盘棋的精神,别在乎暂时的得失,才能赚更多。

4 只赚微利

中关村很多商家最大问题是什么? 老有暴利的概念,老想在哪儿拿一个五千万的单子,挣两千万。 我们创业至今,从来没有暴利的概念,就是细水长流、薄利多销、规模为首,这是老祖宗教的,我一直坚持这个原则。

——2011 年刘强东接受《东方企业家》杂志采访时如是说

背景分析

投资人徐新评价刘强东,说他骨子里就是做零售的,他身上有某种做零售的气质。徐新的话没错,刘强东一开始就抓住了零售的本质:只赚微利。"过高的毛利率没有意义,那只能说明他的企业还不适应零售业的市场环境,是注定要被市场淘汰的。"刘强东如是说。

从在中关村卖光碟时起,刘强东就一直秉承低价的理念。明码标价不议价,直接把底价告知消费者。套用那首著名的情诗:你买或不买,价格就在那里。果然,没过多久,那些走了一遍的顾客,又会回到刘强东这儿,因为他的价格最低。这就是低价的杀伤力所在,和如今那些花样百出的营销方式相比,比别人价格更低永远是让消费者最买账、成本最低的营销方式。

后来,京东上线,刘强东认为京东是电商,但本质仍然是零售企业,既然如此,低价的策略就必须打下去。低价,为京东积累了越来越多粉丝级客户群;低价,为京东带来了滚雪球一样增长的营业收入;低价,让京东的对手毫无招架之力;低价带来的巨大销量，让刘强东可以更理直气壮地和供货商讨价还价。

是的，尽管低价带来诸多好处，许多人还是不禁要问：低价如何带来盈利？这里，需要读者搞清楚一个误区：京东一直以来并不是赔本赚吆喝。京东只是把赚来的钱，都用在了软件开发、仓储物流设施建设等地方，这些都对京东以后获得更多盈利意义非凡。

思考与启示

百川汇海，跬步至千里。古训有真意，生意之道理。钱要一点一点赚，一口吃成胖子的事从古到今都未曾有过。只有那些看得起小利润、重视小利润、只想赚小利润的商人，最后才能拥有大财富，成为大商人。

5 成本可以更低

我今天还抱着不变的理论，只要成本比你低，就没什么可怕的，无论怎么打，我肯定不会败，如果我成本比你高的话，打到最后一定失败。

————2011年刘强东接受《创业邦》杂志采访时如是说

背景分析

2004年之前，京东商城叫京东多媒体，是一家专卖3C产品的连锁店。那时候，京东内部有一本员工手册，里面有一些内容在外人看来似乎有些好笑。比如，员工手册规定了每家门店开灯、关灯的具体时间。什么天气条件下，比如下雨下雪天要阴到什么程度才可以开灯，都有白纸黑字的规定。每个门店装货物的纸箱也不允许随便丢弃，要指派一个专人负责回收，定期卖到废品收购站。有了这些近乎苛求的规定，京东多媒体的成本总是能比别的公司低。刘强东的连锁门店迅速发展到12家，也与他超强的成本控制能力密不可分。成本低意味着价格可以更低，价格更低就可以吸引更多的客户，这就是刘强东的商业逻辑。

因为"非典"，京东转移到线上，最后决定放弃线下连锁店，专注做在线零售，也是看出线上零售可以将成本压缩到更低，更有发展前景。当时家电巨头国美苏宁等连锁企业的费用率超过 10％,刘强东的 IT 产品连锁店费用率与之不相上下。可是当他在 2005 年关闭所有连锁店之后,立刻就省下了门店租金、水电费和陈列品折旧费等一大笔费用,再加上不再需要店面营销人员,京东商城的费用率一下子下降到个位数。

刘强东一向都非常重视节省"小钱",京东的大家大业都是刘强东从无数的小钱上节省出来的。他曾经说了一个例子,是关于处理一个包裹的成本,京东的物流成本比竞争对手少 8 块钱,听起来是小钱,可是你要知道京东一天就要处理至少 40 万个包裹,这样京东一天就可以比别人多赚 300 多万。如果再换成一年,那更是一个非常惊人的数字。

思考与启示

控制成本,从来不需要什么高明的技术或是独特的商业思维,它只关乎细节,考验的是领导者对细节的把握能力。

6 京东盈利秘籍

当然我们从长远来看,5～7 年之后,我们要看京东利润,我相信来自于非电商的利润应该能占半。

——2013 年刘强东接受《经济观察报》采访时如是说

背景分析

京东是一家在线零售网站,但未来京东的盈利方式绝非只靠电商。在刘强东的规划中,京东的利润点绝不是一枝独秀,而是百花齐放。

京东以自营起家,自营业务一直占据京东的主导地位,是京东发展的基石。未来,自营业务也会是京东的主要利润来源,但是除此之外,开放物流、平台分成以及京东的网络金融服务也将发挥巨大作用,成为京东盈利的重要筹码。

几年前,刘强东对外宣布将自建仓储物流时,嘲笑声不绝于耳,刘强东的"重模式"被说成"煤老板一样傻大黑粗"。几年时间过去,京东的物流系统已经初具规模。根据 2013 年年底京东提交招股书中提供的数据,"现在在全国 34 个城市拥有 82 个仓储库房和超过 130 万平方米的仓储面积,在 460 个城市拥有 1453 个配送站和 209 个自提点"。现在,京东物流不但可以满足自营业务的需要,还可以为京东开放平台上的第三方卖家提供物流服务,从中赚取物流费。

就像阿里集团认为电商只有平台业务不够,还要有自营业务,于是上线了天猫一样,刘强东也意识到,京东只有自营的 B2C 业务也不是一家完整的电商,因而决定开通 POP 平台服务。增加 POP 业务,京东可以通过直接收取服务费赚取利润。同时,第三方卖家丰富了整个京东商城的产品品类,能吸引更多客户目光,增加网站流量,从而间接促进了京东商城销售额的不断增加。

互联网金融是一项新兴业务,市场前景广阔,刘强东自然也不会放过这个绝佳的赚钱机会。早在 2011 年,刘强东就已经开始布局,发力互联网金融业务。2013 年,"京保贝"上线,为第三方卖家提供融资服务,同时与网银在线合作为京东的商家提供理财服务。刘强东又多了一项赚钱的业务。

思考与启示

公司的盈利方式越多样化,发展的空间越大。随着公司规模不断扩大,企业的领导者除了考虑怎样利用一种方式获得更多的利润,更应该考虑如何挖掘新的获利方式。

7 不靠品牌商也能赚钱

绝大部分媒体,包括很多投资人都一直认为自营吸引流量,不赚钱,京东将来赚钱主要靠第三方。 这是不对的,我们将来赚钱大部分还是靠自营。 这些人根本不懂这个行业。 非常简单,自营做了价值链条的一半,第三方只做了 20%,截了客流而已,仓库没做,品质控制没做,你要赚更多的钱? 这个世界上还有没有道理了?

——2014 年刘强东接受《创业家》杂志采访时如是说

背景分析

一家企业怎样才能赚更多的钱? 如果销售额等同的话,自然是利润率越高赚钱越多。电商大体分两种模式,一种是以淘宝为代表的 C2C 模式,一种是以京东为代表的 B2C 模式。现在,我们来比较一下二者的利润率。

C2C 模式如同集市,不是通过销售商品赚钱,而是赚进场的第三方卖家的钱。平台电商只负责出"场地",不会为第三方卖家提供营销推广、仓储物流、售后服务等服务,收取的费用一般为营业额的 1%,最多 2%。也就是说,平台电商如果销售额达到 100 亿元,最多可以盈利 2 亿元。

B2C 模式相当于超市,不仅自己开发在线平台,还要承担许多实体店零售商的工作,找货源、出钱采购、销售产品、仓储物流、某些产品的售后服务,全都由自己负责。在商品从制造到被送到消费者手中这一整个链条中,自营模式承担了产品从出厂到消费者的全部过程,服务的时间更长、服务内容更复杂,因此价值也更大。电商自营模式的净利润一般在 5% 左右,如果自营模式电商销售额为 100 亿元,净利润可以达到 5 亿元。如此清晰对比,哪种模式利润率更高,就不言自明了。

这几年,刘强东思路更加开阔,尝试为京东寻找多种新的盈利可能,但是自营始终是他最重视的业务板块。正因为了解电商行业,他才更清楚自营是永远也不能放弃的京东特色。现在,京东已经成为中国最大、世界第三大自营电商,未来京东的自营业务还有更大的发展空间。

思考与启示

要获得更多,首先要清楚能付出多少。创业者想赚钱,就要费心去多做事,争取掌握尽可能多的价值链条,能为消费者、为供应商做得更多,自己也就获利更多。

8　开放物流

随着对物流的投资,对物流的开放是必然的。 明年 1 月份准备把物流业务进行拆分,完全独立化、市场化运作,希望给更多的电子商务和传统企业提供物流服务。

——2011 年刘强东接受 CBSi（中国）媒体总编刘克丽采访时如是说

背景分析

当年那些讽刺刘强东自建物流的人，现在听他谈物流帮助京东盈利，不知是何心情。不管怎样，自建物流都是刘强东诸多决定中最正确的一个，现在就让我们分享一下自建物流如何帮助京东盈利更多。

俗话说，省下即是赚到。自建物流帮助京东节省更多的运营成本，为盈利助一臂之力。几年以来，京东将获得的融资，大部分都用于在各地建设仓库和配送站，为此京东一直承受着多年只见增长不见盈利的负面评论。现在，京东终于有了推倒负面评论的资本。京东自主物流系统运营以来，物流成本不断降低，现在不但订单处理能力在诸多电商中遥遥领先，物流成本在整个销售额中的比重更是不断创出新低，达到了个位数。相比之下，将物流外包、采用第三方配送的电商，其物流成本将占到整个销售额的 10％以上，如果是品牌商自己建立电子商务的后台体系，成本更是高达 18％。不比不知道，一比吓一跳，京东的自主物流正成为其核心竞争力，给其他电商留下一个难以超越的门槛。更值得一提的是，未来随着京东规模的扩大，销售额不断增加，物流成本还会继续创新低。因为物流的成本总是与销售额成反比。一天处理上万个订单与处理上千个订单所需要的物流资源几乎等同，因此规模越大，物流成本就摊得越薄，效益也就越高。

自建物流还可以向京东平台上的第三方卖家提供物流服务，赚取服务费。京东的 POP 平台上有成千上万的卖家，他们可以自由选择其他物流公司，也可以选择京东的物流。相比之下，京东的物流价格更低，而且服务更好，大部分电商都会直接选择京东物流，从而为京东增加一笔新的收入。

思考与启示

许多创业者会因为舍不得让投资侵吞了利润，甘愿放弃赚更多钱的机会。对此千万要明白放长线才能钓大鱼，多点忍耐力是创业者必须要做的基本功。

9 靠服务赚钱

我们的配送 8 月底就已经开放了，仓储大概在 2013—2014 年左右开放。将来京东还有网站服务、Web 平台服务、仓储服务、配送服务、POS 机刷卡、在线支付服务，还有云服务，说白了，到最后我们变成了一个方案解决商，靠这些来赚钱。

——2012 年刘强东接受《中国企业家》采访时如是说

背景分析

京东是一家在线零售网站，不仅卖商品，更卖服务，而且在刘强东眼里，服务比商品的利润率更高，一定要做好。

京东提供的服务非常多样化，刘强东将其称为供应链服务，换句话说，品牌商与京东合作，只需要把精力全都花在产品上就可以，其他的都可以交给京东来做，而且可以完全放心，有自营业务做铺垫，京东完全知道提供怎么样的服务，才能最大限度提高用户体验，从而帮助品牌商提高销量。

首先，品牌商完全不需要为物流的问题担心，京东的自主物流服务价格更低，而且配送速度居于行业领先水平，限时达配送服务更能帮助品牌商增加客户黏性。其次，京东还可以为品牌商提供营销推广服务。刘强东一直非常重视京东的信息系统建设，现在京东正在针对大数据开发新的功能。未来，京东将以客户信息为基础，推出精准的营销推广服务，帮助品牌商扩大知名度，提高产品销量。

京东也为有创意、有想法的创业公司提供云服务。网络将地域的限制降到最低，形成了一个空前的大市场。因此，某些针对个性化需求、以创意为基础的小公司找到了生存发展的土壤。京东所提供的云服务，实际上就是从资金、营销推广、物流、售后服务等方面提供一系列外包服务，让有创意的小公司可以得到最快发展。

思考与启示

一个优秀的领导者，有能力做到物尽其用，利用现有资源获取更多的效益。对电子商务企业来说，物流，不仅可以自己用，也可以向别人开放。信息系统，不仅帮自己统计各种数据，也可以为更多品牌商提供服务。

10 靠开放平台赚钱

我们去年通过开放平台实现的营收有 20 多亿元，今年如果顺利的话，将达到 140 亿元，预计将占到全年营收的 20% 以上。

——2012 年接受《中国企业家》采访时如是说

背景分析

B2C 业务是京东的招牌，刘强东一直都在寻求 B2C 业务上的更大突破，但这并不等于他放弃了平台业务。实际上，从 2007 年开始，刘强东就开始发力平台市场，试图扩大覆盖面，将触角延伸到电商领域的所有业务方面。

平台业务可以直接增加京东商城的盈利规模。C2C 模式仍然有让人无限遐想的市场空间。况且刘强东想做的，是和其他电商不一样的 C2C 模式。京东的门槛更高，要到京东的平台上做生意，并不是谁都可以，只有品牌商或是较大的渠道商才可以通过验证。刘强东的意思很明显，不想为了赚钱放弃京东一贯对用户体验的重视。如果不设门槛，只要注册登记就可以到京东的平台上做生意，难免会鱼目混珠，混进来一些假冒伪劣商品，严重损害京东好不容易才树立起来的"正品行货"的形象。有了门槛，京东的平台业务也能像自营业务一样，从源头上确保产品质量，从而确保用户体验不会受到影响。有了这套行之有效的保障措施，京东的平台业务上线不久就成绩斐然，销售额增长迅速，在京东全年营收中所占的比重不断加大。

平台业务还可以间接促进京东销售额的增加，从而间接促进京东利润的增加。从 2006 年开始，刘强东一直努力扩大京东商品的品类，不断上线日用百货商品、大家电和图书电子书，甚至还在京东上卖起了房子和汽车，但是现在京东的产品品类和刘强东预想中数千万种的商品仍然差距不小。在京东平台上引进第三方卖家，对迅速丰富京东商城的产品品类是一条非常有效的捷径，既可以减少自主上线新产品的风险，又可以节约资金。第三方卖家入驻京东平台也利于京东客户数量的提高、客户黏性的提高。

思考与启示

所谓"功夫在诗外",企业的盈利也同此理。一家盈利的企业,不一定就是靠最核心、最被外界熟知的部分赚钱,其他不突出的业务一样可以带来收益。这就是商业模式设计的重要性。

11 效率就是盈利

成本控制能力能达到行业最大,这样才能持续地保持我们低价的效率。 运营效率得到有效的提升,也能给合作伙伴带来很有效的价值。

——2011 年刘强东接受 CBSi(中国)媒体总编刘克丽采访时如是说

背景分析

如果要用一个字来概括京东的话,"快"字似乎最恰当。京东连续数年保持了200％的增长速度,以快制胜是京东的一贯打法。

刘强东向"快"要效益,首要一点就是物流上的快。刘强东曾经对外界表示,在电商的生产成本中,人力成本、产品成本都很难压缩,唯一有大幅的压缩空间的只剩下物流。只有物流的效率上去了,电商的成本才能大幅降低。建设仓储物流系统所需要的资金是固定的,因此物流的周转效率越高,平摊到每个订单上的费用就越小。如果运营物流系统的成本为 1000 万元,一天处理 200 万个订单,物流成本就是处理 100 万个订单的一半。为了让京东的物流"跑"起来,刘强东非常注重细节。京东的配送人员会在送包裹之前先与客户沟通,避免客户有事不在白跑一趟,京东的快递员也会进行路程规划,确保不会堵车,就能以更快的速度将商品送到客户手中。

现在,京东已经在全国多个城市开通限时达服务,创造出上午下订单下午就能收到商品的全球最快物流纪录,连全美最大的电商亚马逊都无法与其相提并论。有了这样的快物流,京东的自建物流成本远远比与第三方物流公司合作成本低。更重要的是,未来刘强东计划要在全国范围内都启动限时达服务,到那时,京东的物流成本还可以被摊得更低。

京东不仅送货快,解决售后问题的速度更是快得惊人。刘强东曾经提出售后 100 分服务。这里的 100 分指的是 100 分钟。客户向京东反映产品有问题要求退货或是换货,京东只要见到商品,经检测确实是产品本身问题的,会在 100 分钟内给出让客户满意的答复,换全新的商品或是全额退款,绝不会拖延到 100 分钟之后。快速解决问题,帮京东树立了在客户心中的形象,对京东销售额的提高起到了良好的作用。

思考与启示

速度就是金钱,这句话一点都没错。在这个快节奏的时代,公司要以更快的节奏发展,才能赶上时代的步伐。创业者要给企业发展提速,先要给自己提速,加强学习以更新知识储备,转换思维方式,让自己成为企业里最能找准时代发展节奏的人。

12 向新用户和新产品要效益

我们的品类多了,买东西的就多了。 不只是大家电、小家电,还可以买日用百货,如果没有增长,我们反思我们自己的工作没有做好。 注册用户数也会翻倍地增长,也会带来我们销售的增长,同时我们新增的品类也会带来我们的增长。

——2011 年刘强东接受王利芬专访时如是说

背景分析

留住老客户固然重要,但是谁能抓住更多新客户,更体现了电商竞争力的提升和市场地位的进步。在这方面,京东的注册用户数量不断攀升似乎很能说明问题。2007 年,京东的注册用户只有 20 万,这个数字在 2008 年年底变成 100 万,在 2010 年变成 1000 万,在 2013 年变成 1 个亿。200% 的客户增长速度是京东效益不断提升的根本保证。

怎样带来新客户? 京东有一句广告语是"网购在改变,上京东体验",京东正是以"低价、正品"的承诺成功转移了消费者对其他电商的注意力。网购在中国的历史已经超过 10 年,现在已经进入一个新的阶段,京东试图改变网购的环境,引领消费者进入网购的新时代。在京东购物,消费者将彻底打破以往对网购"假货、水货"的固有印象,认识到网购也可以买到低价正品,同时也体会到更便捷的网购体验。

　　要吸引更多网民成为京东的忠实用户,除了服务之外更要不断丰富产品品类。客户的需求多种多样,一个购物网站品类越齐全,就越能满足更多消费者的个性化需求。相反,如果永远是有限的商品,老客户也可能转移到其他电商网站去。

　　从 2006 年开始,京东就在刘强东的坚持下走上了不断丰富产品品类的道路。经过几年的发展,现在的京东再也不是只有 3C 产品的购物网站了,服装百货、大家电小家电、图书电子书陆续上线,甚至房子、车子、车票、有机大米都能在京东上买到。新产品吸引了更多的新用户,共同为京东销售额的提高做出了巨大贡献。

思考与启示

　　企业的领导者要培养属于自己的最具竞争力的核心产品,但是绝不能忽视推陈出新,不断丰富的产品代表了企业的发展和进步,是一个企业自我更新能力的体现。

第九章 | 化解危机也要另辟蹊径

1 企业不能在真空里生存

搞创业你没有点风险能行吗？ 对公司来讲，发展永远是风险和收益对等的，你一点风险不愿付出就永远没有收益。

——2012 年刘强东接受《第一财经日报》采访时如是说

背景分析

刘强东在 1998 年开始创业，那时候他是一名刚走出校门不久的社会学专业大学生，没有任何管理学知识体系，更没有管理经验，完全不知道经营企业是什么概念。他以为只要够努力、够智慧，就可以达成愿望。

刘强东也是这么做的，多年来，他的勤奋一直为业界同仁称道，从不缺席公司的早会为员工们树立了榜样。刘强东也是智慧的，从不要小聪明，一直秉承诚信经营的大智慧，公司做得风声水起。到 2003 年，他的京东多媒体已经开设了 12 家连锁门店，像苏宁、国美一样将红旗插遍全中国的梦想也不是没有可能。但是就在这一年，他的企业遇到了危机。这危机不是出自内部，与产品和公司的经营战略无关，完全是不受自己控制的外部环境造成的。"非典"来袭，谁都无处可逃，刘强东这才意识到，企业也和人一样，也要受到大环境的影响，企业不能在真空里生存。

在"非典"的压力下，京东多媒体的 12 家门店被迫全体暂时关门。没有效益，眼看员工工资都要发不出来。可是俗话说，车到山前必有路，京东就在这一年上演了一出"否极泰来"的大戏，成功转移到互联网上发展。随后，刘强东舍下线下生意的暂时盈利，将目光放在了更有前景的互联网之上。经过三年发展，京东已经成为一家颇有知名度、受用户信赖的 IT 产品购物网站。就在刘强东打算趁热打铁，上线日用百货商品之际，一场突如其来的金融危机蔓延至中国，电商资金链吃紧，最难的时候，在半年时间里，刘强东和助理见了几十个投资人，却没有一个人愿意为京东投资。现在，刘强东说起 2008 年的故事，眼睛里的恐惧早已淡去，但是也让他深刻明白了一个道理：在规划企业发展战略的时候，不能只考虑到内部因素，外部的大环境也要考虑，打有准备的仗，就不怕任何威胁。

思考与启示

企业领导者要明白,一家公司不可能独立于周围的环境存在,整个国家的环境甚至世界的环境都和企业的发展息息相关。两耳不闻窗外事的领导者注定会被淘汰。

② 风险也要有底线

我的风险是有底线的,我永远不会拿整个公司的命运做赌博。我从来没有把整个公司生死存亡拿出去赌博,包括这次最冒失的"蚂蚁挑战大象的战争",我也绝对不会说京东公司如果被打败了之后,京东就死了,不会。

——2012年刘强东接受《第一财经日报》采访时如是说

背景分析

在外人眼里,刘强东是个十足的冒险家,敢想敢干、不管不顾,活像一头闯进瓷器店的大象。但是刘强东对外界的观点并不认同。他曾经对媒体说,他出生在江苏宿迁,和西楚霸王项羽是同乡,但是他从不会像项羽一样意气用事,爱冒险没错,但冒险之前一定会考虑风险,没有底线的冒险,他从不干。

上文中刘强东说到的"蚂蚁挑战大象的战争"指的是2012年8月京东向家电连锁企业苏宁、国美发起的价格战。刘强东还在他的微博上喊出响亮的"口号":"京东所有大家电价格都比苏宁线上线下便宜,并且无底线,如果苏宁卖1元,京东的价格就是0元。"

在外人眼里,这可能是一条"疯狂"的微博,是刘强东打价格战打得红了眼,头脑发热作出的冲动决定。如果这样想,那你一定是不了解这场价格战的内幕,更不了解刘强东。2012年,刘强东的大家电品类刚刚上线不久,在京东全年销售额中只占有很小的比重。苏宁国美却不同,这两家企业靠大家电起家,现在仍是以大家电为最核心的产品品类,是企业盈利的重头戏。

现在有点明白了吧?京东是在拿自己最无关紧要的部分来对抗苏宁国美最紧要的部分。这场价格战,刘强东早已笃定京东横竖都是赢。苏宁国美的大家电销量是京东的数倍，要"出血"也是苏宁、国美血流成河，京东只是象征性地滴两滴血而已。就算是两家一起打资金消耗战，苏宁国美也绝对耗不过京东。也就是说，这场被媒体炒得沸沸扬扬、在外人看起来惊天动地的价格战，实际上刘强东并没有任何风险可冒；相反，宣传京东的大家电频道，从线下掘起更多客户才是刘强东的初衷。

思考与启示

敢于冒险被看做是创业者和企业家的优秀品质。但是绝不要以为那些冒险成功的企业家只靠勇气和胆量，他们在冒险之前要做足功课，没有胜算的冒险，绝不轻易尝试。

3 危机变机会

遇到危机，必要时我肯定要冒险变革，在看到未来隐藏的巨大危机或机遇时都要变革。 等危机来了再变革就晚了。 而新的机会下，虽然原有商业模式不变革也谈不上危险，但变革后新的商业模式比原来机会大很多。 要加强每一个京东人的危机意识、生存意识。 不努力就会死掉，这个世界就是这么残酷。

——2011 年刘强东接受《环球企业家》采访时如是说

背景分析

套用托尔斯泰那句名言：每个成功的企业都是相似的，失败的企业却各有各的原因。没有没遭遇过危机的企业，但成功的企业家能将危机变成机会。

走到今天，京东不是一帆风顺的，刘强东也曾遭遇过非常严重的生存危机，那就是刘强东多次对媒体谈到的"非典"危机。之所以多次谈起，是因为这次危机对于京东后来的发展至关重要。刘强东成功地将有可能将企业置于死地的危机，变成了助企业腾飞的机会。对此他总说这是幸运，但似乎幸运之外的胆识与魄力才是决定性的因素。

"非典"虽然迫使京东转移到线上，但很快就一切如初。"非典"过后京东的门店照常开张，生意依然兴隆，利润依然可观。但是嗅觉灵敏的刘强东却通过这次危机嗅到了网络零售的商机。商机归商机，当时京东盈利还是靠线下的门店，线上的生意虽然增长率高,实际的利润却没多少。刘强东向整个公司宣布他要关闭线下门店,将资源和精力放在发展线上销售时,没有一个人响应他。大家都想不明白,放着赚钱的不做,去做"凶多吉少"的网络零售,究竟是为了什么。刘强东也不多解释,按照他一贯硬派的作风"独断专行"了一次,在公司名称"京东多媒体"的后面加了一个"网"字。试水一年后,刘强东将业务彻底转移到线上,从此电商中多了一个刘强东,消费者的购物网站中多了一个新的选择——京东商城。

思考与启示

任何一家企业都有可能遇到危机,关键要看领导者处理危机的方式。智慧的领导者有能力将危机转变为机会。起风了,别只顾着收衣服,也可以趁着风大飞得更高。

4 永远不要缺钱

迄今我们的账户上已经拥有大量的现金储备!这些钱将会保证我们不必顾忌短期财务表现,可以立足未来进行长期投资!

——2013 年刘强东接受《新闻晨报》采访时如是说

背景分析

在外人眼中,京东一直在"烧钱",烧钱怎能不缺钱?然而实际上,虽然过去数年京东为仓储物流系统和信息系统建设投入大量资金,京东的现金流依然非常充沛。

众所周知,2008 年前后是所有电商的噩梦。受全球金融危机的影响,投资人不敢贸然出手,电商普遍失去资金支持,作困兽之斗。刘强东也曾经说起那段时间他与助理马不停蹄见投资人的事,然而京东急需融资,并不是因为已经揭不开锅了,而是为了按计划的步骤做京东该做的事。京东的第三方物流始终不能让刘强东满意,尤其是2006 年之后进行了三次品类扩张,3C 产品、大家电、小家电先后上线,取得了不俗的市场反响,刘强东计划接下来就要上线日用百货品类,此时京东的第三方物流软肋更加凸显出来,他下决心建设自己的仓储物流系统,融资因此被提上日程。然而事有不巧,金融危机影响了大环境,没有投资人敢轻易掏钱,可是京东又急于建设物流,不能耽搁,这才有了刘强东半年见几十个投资人的故事。

2013年年末,京东提交了IPO申请,招股书清楚地说明了这些年京东的融资情况和公司的现金流情况。根据招股书的记录,即使在外界唱衰京东资金链断裂最严重的2012年,京东的账上依然躺着70多亿元的现金。那一年,京东正和苏宁、国美大打价格战,因为得到了股东的支持,京东虽然"烧钱",却没有遇到任何资金链断裂的风险。

外界那些一直嚷着京东缺钱的人其实还是不够了解京东。在京东的倒三角战略里,有三大重要系统,财务系统就是其中之一。所以,尽管京东一直着眼于构建京东物流和京东信息系统,打造未来竞争力,但是凭借着不断降低运营成本和不断提高运营效率,京东依然做到了始终有充足的现金储备。

思考与启示

一分钱憋倒英雄汉。创业者或是领导者就算能力再超群,没有钱,再高明的招数也没有。所以要时刻注意公司的现金储备,现金流为负数意味着风险的随时来袭。

5 团队不能松懈

老实说,我们整个团队跟十年前相比整体质量在下降。 如果放在十年前,这样对待客户是不可想象的,绝对不可能有。 这种现象表明我们的团队出了问题。 我们很多同事可能不服。 当然了,大部分同事还是非常好的,我说的只是小部分,但这个小部分不是极个别。 这些人基本的素质标准和服务意识,都是不合格的。

——2013年刘强东在公司培训讲话中如是说

背景分析

京东有一个非常著名的倒三角战略,这个倒三角的最下层就是团队。刘强东曾经对媒体说,京东能走到今天,不因别的,就是京东这个团队勤奋努力的结果,如果有一天,京东垮了,那也不会是别的原因造成的,一定是京东这个团队出现了问题。刘强东也曾经在他的微博上说过这样的话:"最大的危机感就是京东文化和价值观的断层!只要团队文化不出问题,我想基本不会出大问题。"由此可见,刘强东时刻注重团队的管理和建设,确保京东团队不会出现危机。

　　每年,京东都会组织员工培训。在 2013 年的公司培训中,刘强东特意做了一番演讲。这次演讲的主要目的就是增加京东团队的服务意识,强化团队建设。这场演讲,颇有防微杜渐的意味,因为在刘强东眼里,团队是一个整体,优秀的员工可以把积极向上的精神传递给其他人,同样,坏的气氛也会在整个团队中蔓延。如果不及时发现小问题,把问题说在前头、说在明处,等到整个团队的士气和干劲受到影响再管理,就为时已晚了。在整个团队的管理中,刘强东尤其重视员工的服务意识,在他看来,良好的服务意识是京东取得成绩、谋求更大发展的基础,不能有一点松懈,如果京东的团队认为他们已经做得足够好,取得了比别人更大的成就,就放弃在客服服务上深耕细作,这个团队就一定会出问题。

思考与启示

　　从里面坏掉的苹果才最危险,表面上看来没有什么破绽,等到危机扩大时已经无可挽回。企业的领导者,不能光盯着外部风险,更要时刻警惕内部的潜在风险因素,时刻不忘团队管理。

6　老一套不可靠

　　那一年全球经济危机爆发,2008 年 4 月份,我们内部开会已经感觉到要出问题了,到 6 月份形势已经不好了,到了 8 月份就非常糟糕了,所以从 2008 年 5 月份开始,我们判断也许接下来我们增长速度会大幅下滑,毕竟受到整个经济危机的影响,很多消费者可能没有钱买东西。所以从 5 月份开始,我们就开始控制投资,不再进行大的投资,也控制招人的速度,不招新员工,不像以前提前 3 个月招一些新员工培训等等,这些工作都停止了。

　　　　　　　　　　　　　　——2010 年刘强东接受《中国企业家》采访时如是说

背景分析

　　按照传统经验,每一次经济危机都会导致市场的大萧条,各行各业的企业都会受到波及，销量下滑、利润降低甚至变成负数，因此企业在经济危机来临时选择收缩战线、减少投资、裁减人员已经成为常识。2008年，经济危机呼啸而来，刘强东按照传统经验的做法，放慢步伐，没想到却吃了老一套的亏。

从2004年上线开始，京东的增速一直超过300%，前一年才新招了员工、扩大了仓库，到了新一年又不够用了。因此，京东已经基本上形成了规律，会在每年新年刚过的3月和4月招聘一批新员工，然后开始建设新的更大的库房，在年底之前转移到新的库房。2008年，媒体铺天盖地地报道此轮经济危机的严重性，不断预测企业会在这轮危机中受到多么严重的打击，刘强东身在电商市场的一线，虽然没有直接感受到市场的动荡，但是他也决定做好收缩战线的准备，决定2008年停止招聘新员工，新仓库的建设也暂时搁置下来。

几个月过去，转眼到了8月份，京东的业务量不但没有下降，反而还在不断增长，可是刘强东还是没有轻举妄动，一切按原计划行事。两个月后，业务还在继续增长，刘强东决定打破原来的计划，开始招聘新员工，建设新库房，可是员工从招聘到培训上岗需要三四个月的时间，仓库从建设到使用更需要长达10个月的时间。刘强东虽然意识到电商市场没有受到经济危机的影响，但是一切为时已晚。2009年新年，订单像雪花一样飞来，可是京东却没有足够的配送人员和足够大的仓库。这次经历给了刘强东一个大大的教训：老一套不可轻信。

思考与启示

任何东西都有好坏两面，经验也是。创业者在做决定之前，一定要细细考量，做好调查，用数据说话。

7 不能说的秘密

中国零售企业最大的危机就是信息系统，五百强企业信息系统的程序编写绝对不会外包。这一点，京东商城做到了。

——2009年刘强东接受《申江服务导报》采访时如是说

背景分析

刘强东曾经解释说,京东在 2004 年之前和 2004 年之后并没有本质的区别,都是做零售,只是从线下转移到了线上。既然如此,那些耗时费力的系统开发工作完全可以交给外包公司来做,这样既能节省招聘大量系统开发程序员的人员开支,又能省去不少麻烦。但实际上,坚持自己开发信息系统正是刘强东"不能说的秘密"。

信息系统是支撑电商运营的"后台"之一,十分重要。如果将系统开发外包给其他软件公司,软件公司如果对电商不够了解,就可能开发出不符合企业实际的系统,严重影响企业的运营效率。刘强东也是考虑到这点,才投入大笔资金成立专门的研发部,由京东自己招聘程序员负责开发信息系统。京东还有一个其他电商没有的优势:领导者刘强东本身就懂程序开发,能在管理人员和程序开发人员中间充当桥梁。他可以告诉程序员,京东商城需要什么样的系统,也可以向管理人员解释,如何通过系统的分析得出这样的结论。实际上,京东刚上线时,有很长一段时间都是刘强东亲自编程。

信息系统也是一个企业最应该保密的部分。通过分析数据得出的判断,是企业规划发展战略、确定竞争路线、进行市场推广等的重要依据。将系统外包就存在着数据泄露的风险。而数据一旦泄露,将给公司以致命打击。为了谨慎起见,刘强东亲自开发信息系统,从京东上线至今,从来没有将系统开发工作外包给任何公司。为此,刘强东投入了大笔的资金,但他认为这样做是值得的。

思考与启示

产品数据、客户信息以及各种运营数据,都是公司的机密,领导者要警钟长鸣,确保这些秘密不会通过任何渠道被外人获取。

8 领导者不能打盹

高速增长的创业公司,最大风险是内部失控,所以必须保证创始人对公司有控制,这样才能一心一意地发展公司。

——2014 年刘强东接受《第一财经日报》采访时如是说

背景分析

创始人对待公司的感情，更像是父母对孩子的感情。因为经历了从无到有、从小到大、一点一滴付出的过程，才有更多的不舍和依恋。刘强东对京东就是如此，他曾对媒体说京东是他的一件艺术品，他对京东的珍爱之情溢于言表。父母都要对孩子负责，刘强东也希望他能对京东负责到底。迟早有一天他会退休，将京东交给别人，但在他执掌京东期间，他决不允许自己有丝毫懈怠，他深知自己一不留神打个盹就有可能对京东的发展造成严重影响。

刘强东与软银赛富的阎焱于 2008 年前后曾有过短暂接触，洽谈投资事宜，但是因为话不投机，投资事宜没有达成。2012 年，雷士照明原董事长吴长江向媒体宣布辞职，外人猜测吴长江此举与投资人阎焱有关系。刘强东在网上公开声援吴长江，指责阎焱的种种不当做法。刘强东还呼吁那些还在艰苦奋斗的创始人们，要吸取雷士照明的教训，时刻保持警惕，一不留神被"篡权"的事在圈内已经有了太多的例子。

在公司控制权上，刘强东几乎做到了滴水不漏，不给外人留下一点可乘之机。2013 年年末，京东递交上市申请，也让外界有机会看到京东厚厚的招股书。根据招股书的说明，刘强东上市后将拥有京东 18.8% 的股权，但是不用担心他的控制权受到威胁。因为他可以把股份自由地转化为相当于普通 A 类股 20 倍投票权的 B 类股。

没有他的同意，董事会想再送他一个礼包都做不到。

思考与启示

企业的领导者，要以睡觉都要睁着眼睛这样高的警惕，来抵挡随时有可能飞来的明枪暗箭。明枪易躲，暗箭难防，真是一刻都不能松懈。

9　规模越大越安全

从电子商务行业来说，应该说规模增大安全性会得到大幅的提升，因为你的现金流、库存周转，还有你的销售预算会愈来愈准确。

——2009 年刘强东接受腾讯科技采访时如是说

背景分析

刘强东对规模化发展情有独钟。刘强东的父母是开船的,家里只有一条船,父母虽然辛苦,但是依然收入微薄。那时,他就梦想长大了要买很多条船,再把船租给别人,不用那么累就能赚到更多。刘强东1998年开始在中关村做生意,一口气将IT产品连锁店开到12家。转移到线上,刘强东更是极力扩大京东商城的规模。曾有人说,刘强东已经被规模绑架了,只顾规模不顾盈利的模式迟早会出问题,但刘强东认为,规模意味着安全,规模越大安全性就会越高。

规模增大意味着产品种类更丰富,满足消费者各方面购物需求的能力更强,销售额就能更加稳定。京东的产品品类扩张是从2006年开始的。之前京东只是一家专卖IT产品的垂直电商,之后刘强东先后尝试了增加3C、小家电和大家电产品。三次扩张都极为成功,随后京东又陆续增加了日用百货、图书、电子书产品,京东逐渐转变成一家综合电商。随着公司规模不断扩大,京东的销售额不断增长,而且发展趋于稳定。

全品类电商的优势,就是整体销售额不会因为某个品类一段时间销售额的波动而有太大波动。公司销售额的稳步增长,对公司稳定发展、团队信心提升都是极为有利的。

规模增大意味着公司的功能更加丰富,盈利渠道更加多样化。刘强东对京东的定位是供应链服务商。也就是说,京东不仅卖产品,也卖服务。京东大手笔建设的仓储物流系统、信息系统,未来都将成为京东新的盈利渠道。京东从2007年开始着手建设、2010年对外开放的C2C平台,也正和京东的自营业务一起,为京东带来越来越多的利润。规模没有绑架京东、将京东带入危险的境地,相反已经助京东安全着陆。

思考与启示

大的企业更不容易被击倒,有雄心的创业者,要不断扩大公司规模,不满足于一城一池的获得。

10 创新助企业成功甩掉危机

如果有一天你停止创新了，第一关你就过不了。所以第一关过了就不断创新，让那些巨头、拷贝你的、抄袭你的疲于奔命，他不断创新、不断模仿，但永远超越不了，唯有创新能够渡过第一道坎。

————2012年刘强东在黑马大赛秋季赛决赛上讲话时如是说

背景分析

先下手为强,后下手遭殃。商场如战场,谁能占得先机,谁就能获得竞争优势。被甩在后面和对手打肉搏战,一不小心就可能腹背受敌,毫无还手之力。

刘强东是个忧患意识特别强的人,未雨绸缪的方式多种多样,其中,用创新与竞争对手拉开距离,是他甩掉危机的杀手锏。

刘强东曾经到美国参观Facebook总部,这段经历,对他影响颇深。Facebook是一家非常有朝气的公司,重视创新。在他们看来,靠宣传来扩大公司的影响力实在不够明智,公司的影响力只是企业创新能力的一个结果,如果企业的创新能力够强,自然就会征服用户,扩大市场影响力。

2004年京东上线,却没有选择和淘宝一样的C2C模式。在刘强东看来,平台模式虽然门槛更低,风险也低,但是这种模式只做了价值链的一小部分,仓储物流、售后服务等都无法触及,因此发展空间有限,加上这种模式无法自主掌控产品质量和商家的信誉,虽然暂时看起来一片凯歌,发展前景却不够广阔。因此京东商城选择了自营的网络零售模式。自营可以从源头上保证产品的质量,自营电商因为是自负盈亏,所以更注重控制成本、提高用户体验,以扩大销售额。更重要的是,自营做了价值链条的一半,因此利润更加可观。

京东按照自营模式发展很快,在2006年年底拿到融资后,更是让许多电商眼红。一时间,又有许多电商开始尝试自营模式,其中不乏电商巨头,京东面临被强大对手挤兑的危机。这时,刘强东又开始在物流建设下工夫。几年下来,京东又多了一张其他企业没有的物流王牌,而且这张王牌门槛更高,不仅是钱的问题,更是时间的问题。这个需要花费长时间才能建起的门槛,让其他电商可望而不可即。

思考与启示

一个公司最大的危机就是在竞争中败下阵来。如果想永远处于不败之地,就要时刻不忘创新。创新是将竞争对手远远甩在后面、甩掉危机的最好方法。

11 打牢基础不怕风险来袭

我们京东就是要做那种最难做、最苦的事情。 别人都很难做成,你做成了。 什么是价值? 这就是价值。 如果这事太容易了,所有人去做都能做成,你早晚有一天会面临生死存亡的问题。 明天只要有人抱着两千万元进来,立马就做出来了。

——2012 年刘强东接受《创业家》杂志采访时如是说

背景分析

与别人急于建成高楼不同,刘强东希望先打牢京东的基础,多花些时间也多花些钱,基础打牢了才会更安全,不会留下"豆腐渣工程"的后患。

一家电商的基础,就是过硬的"后台",这里的"后台"指的不是拥有特殊关系,而是支持电商运营的仓储物流系统、信息系统和服务能力。

许多人认为电商是互联网时代的新的商业模式,这种模式与传统的实体商业模式不同,应该重宣传轻资产,仓库、物流、服务都交给第三方来做,电商只要做好宣传、增加网站的流量就可以万事大吉。京东上线之初也采取这种做法,倒不是因为刘强东认同这种发展模式,而是京东当时还是一家小公司,而那些所谓的后台都是要靠"砸钱"才能办到的,京东砸不起。

2007 年,刘强东意识到"后台"的欠缺已经影响到公司的发展,物流更是致命的软肋。从 2004 年京东上线开始,就接连换了几家物流公司,配送速度、服务标准都不能满足刘强东的要求,后来京东开始与顺丰快递合作,顺丰快递是够快、够好,但是价钱实在太高,刘强东算了算成本,太不划算。这时,京东获得了第一笔投资,今日资本投资的 1000 万美元,随即开始着手建设京东物流。2007 年之后,京东先后获得了几轮投资,总额高达几十亿美元,其中大部分都投入到物流建设中。现在,其他电商还在为物流的问题挠头,刘强东却可以利用京东物流赚钱了。

信息系统同样是京东大手笔投资建设的后台之一。刘强东虽然认为电商的轻模式不可行,但是认同电商要依靠技术驱动。在刘强东的规划中,未来,京东强大信息系统将能够满足京东客户提出的各种需求。营销推广、售后服务、战略规划都可以通过技术分析得到准确的判断。

思考与启示

风险,也会"欺软怕硬",谁的堡垒更坚固、没有缝隙可钻,风险就会远离。所以不要只顾着追求万丈高楼平地起的快感,打牢基础更重要。

第十章 | 京东文化就要"特立独行"

1 做最简单的公司

外界老是把我想成老谋深算的那种人，就是什么事情都得想个十天半个月的。其实我这个人很简单的，是很透明的一个人。他们老觉得京东发展很快，刘强东一定是一个老狐狸，口是心非，因为这符合过去对企业家的定位。但是我认为像我们这代，比如"70 后"、"80 后"创业者，其实应该是新一代的中国企业家，应该是真实的。

——2012 年刘强东接受《第一财经日报》采访时如是说

背景分析

外界对自己"老谋深算"的印象，常常让刘强东觉得冤枉。他说自己是个非常简单的人，京东也是一家非常简单的公司。简单的人为什么能创造如此优秀的公司？那就是大道至简。真正智慧的人都是非常简单的人。

京东的简单首先体现在人际关系的简单上，他是一个非常直率的人，说话和做事情从来不会拐弯抹角。这一点在京东人尽皆知。他会当面表扬你，也会当面批评你，如果你适应了这种方式，反倒会觉得非常轻松。

一家公司在需要融资、找到投资人时，往往都会万分谨慎，召开几轮会议，反复讨价还价，但是在京东，投资人与公司之间的关系要简单透明许多。刘强东说，京东与投资人商谈合作事宜，只需要召开一次会议，在他看来，一次会议就足够了。如果真要开十次会议，事情反而会越说越复杂。

通过这一次会议，京东会详细地向投资人介绍京东的情况，包括取得的成绩、公司的未来规划以及按照规划能取得怎样的业绩。把这些方面都跟投资人讲清楚了，剩下的就是让投资人自己考虑到底要不要投资。他们可以运用自己的财务模型去分析，觉得可行就投资，不认可也没关系。但是如果已经决定投资还要反复讨价还价，京东是不会理会的。刘强东对此的解释是，投资是大事，不同于在市场上买白菜，因为一点小钱斤斤计较。京东的报价都是经过严格评估的，所以只报一次，不会接受议价。当然，京东也会讲诚信，如果已经达成合作意向，就算有投资人出价更高，京东也不会背信弃义。

思考与启示

简单意味着透明、自信，所以有时候简单的力量远胜过复杂。领导者如果能用最简单的办法管理好公司、经营好公司，是一种非常了不起的能力和境界。

2 诚信，永远放在第一位

我看任何事情都很简单。这个事情我认为是这样的，我就说出来，很简单。我为什么要不说呢？为什么要回避呢？或者为什么说假话、虚话呢？都没有必要。

——2011 年刘强东接受《财经面对面》采访时如是说

背景分析

许多人常常把诚信挂在嘴边，作为一句响亮的宣传口号，并没有想过将其真正融入企业的经营发展之中。刘强东觉得，这种伪诚信比撒谎更可耻，当诚信被包装为一种工具，受害的不仅是消费者，更是企业的长远未来。诚信，不仅要写在纸上，更要落实到行动上，且看京东怎样做。

京东 2011 年有过一次非常大的融资，俄罗斯 DST 集团、老虎基金等多家基金以及一些社会知名人士共计为京东投资 15 亿美元，刷新当时互联网融资金额的新纪录。但是这轮融资中还有一些鲜为人知的故事。

当年老虎基金决定向京东投资时，刘强东不在北京，而是在他的老家江苏宿迁。当时，老虎基金中国区负责人陈晓红给刘强东打电话，两人只是简短通话，就把价格定了下来。随后，又有两家基金和京东联系，希望合作。这两家基金的负责人非常积极，直接飞去了宿迁，希望当面和刘强东好好谈一谈。结果在谈判会议上，他们最后谈妥的股权融资价格比老虎基金要高，还不是高一点，而是 30％。当时，刘强东的助理，还有京东的首席财务官，就坐在刘强东旁边，他们问刘强东要怎么办，意指是否应该放弃老虎基金选择这两家出价更高的基金。刘强东就反问他们二人："京东的价值观中放在第一位的是什么？""是诚信。""既然如此，怎样处理这件事你们清楚了吧。"

"你不可能签它，别说涨了 30％，涨了 300％也不可能签，因为我口头上已经答应了老虎基金要跟他们签的,所以这是我们跟老虎基金达成的协议。而当时这一下子,老实说一个晚上我们丧失了一个多亿元人民币。"后来刘强东曾经说起这件事。

思考与启示

　　一家真正讲诚信的企业,不会把诚信当成扩大影响力的工具。诚信要落实到公司的每一个细节中去,成为整个公司做每一件事都要遵守的第一法则。

3 京东的性格就是我的性格

　　大部分价值观是没有好和坏的,不存在好和坏,只存在匹配和不匹配,所以京东公司有我们自己的价值观。 老实说任何一家公司的价值观实际上都是老板的价值观,特别对于一个创业企业来说,创业企业的文化一定是老板个人风格的体现,创业企业的价值观一定是这个创始人的个人的价值观,二者永远是匹配的,一般不会偏离,发生偏离的时候一定会乱,企业文化会乱,造成公司的混乱,最后溃败。

　　　　　　　　　　——2014 年刘强东回中国人民大学演讲时如是说

背景分析

　　如果你想了解京东,最好先去见见刘强东,如果你对刘强东的印象是简单直率、干脆果敢、注重效率,喜欢快,包括讲话的速度都很快,那京东也是如此。正如他自己所说,企业文化永远带着创始人的个人色彩。

　　关于京东的简单,前面已经提及,刘强东的简单也让整个京东团队形成了简单风格。在京东,无论是对客户、对投资人、对竞争对手,态度都是明确的而且是透明的,京东人认为,简单的关系才是世界上最好的关系。

　　刘强东时间观念特别强,讲效率是他看重的品质之一。他非常善于做决定,从来不会拖泥带水,有时候在下属眼中非常难办、不好下决定的事,到刘强东这儿,很快就能得到答案。刘强东说话语速特别快,语速是由思维快慢决定的,讲话速度快是头脑灵活的外在表现。

　　因为刘强东快,所以京东发展也快。这些年,京东一直被外界贴上快的标签,"快"

也是京东最大的特色。

京东的发展史不长,从 2004 年算起也就刚过 10 年而已。10 年时间,京东从无到有,以连续数年超过 200％的增速迅速发展成中国 B2C 行业的老大;成功创造了电商的"重"模式发展路径,以坐着火箭的速度超越了挡在前面的电商大佬;在客户体验上,京东也一直强调以"快"制胜,现在,京东的"限时达"服务,最快半天就能送达,虽然已经实现了全球配送速度最快,但刘强东还在想着如何超越,不是超越别人,而是超越自己。

思考与启示

企业是创始人的一面镜子,反射的是创始人本身的性格和特点。所以,创始人只有先改变自己,让自己更完美,企业才能逐渐成熟起来。

4 激情可贵

一个有激情的人一定是一个正能量的人,一个整天抱怨的人一定不是一个有激情的人,他没了激情就不断地抱怨,抱怨解决不了任何问题,充满着负能量。 所以这个员工怎么办,大家觉得怎么办? 在京东公司,我们只要发现了,一秒钟我们就要把他干掉,请他走人。

——2014 年刘强东回中国人民大学演讲时如是说

背景分析

如果你在京东商城买过东西,一定看到过京东快递小哥那一身火红的印着"京东"字样的服装。第一印象是什么? 有激情! 这就对了,在京东的企业文化里,激情是个不能不提的词汇。

京东的团队内部有一条不成文的规定:禁止抱怨! 他们认为,抱怨就像传染病一样,不但影响自己的情绪,更会迅速蔓延,导致整个团队战斗力下降。

多年来,京东员工都是以战斗的姿态在工作,他们敢拼、甘于奉献的精神是京东能走到今天最重要的原因。战斗就需要激情,有了激情,他们可以在公司里加班到深夜,他们可以放弃节假日的休息,一切以公司的利益为准。

京东在招聘选人的时候,都会按照刘强东的要求,把激情作为一条考察标准。如果两名应聘者其他条件都差不多,最后京东一定会选择看起来更具活力那一个,老实、低调的人反而可能在京东的面试中吃亏。刘强东有自己的一套理论:现在,京东还在创业时期,有激情的人更适合京东,因为激情能够激发一个人最大的能力,为京东的发展贡献更大的力量。

思考与启示

踏实稳重自然是创始人成就一家企业的重要品质,激情同样可贵。激情似火,可以点燃整个团队的战斗精神,激情面前,再大的困难都可以翻越。

5 以"正"为本

其实我们所有的价值观,核心用一个字来概括就是一个"正"字,我相信今天我们在座有很多人对京东有一定的了解,比如产品,最早我们强调正品行货,然后你买什么东西你不要发票给你发票。 说你能不能给我们便宜点,可以不开发票,给你们省点儿税钱,对不起,没有,京东不提供这项服务。

——2014 年刘强东回中国人民大学演讲时如是说

背景分析

人无完人,公司也一样。对此,刘强东并不想隐藏京东内部不尽如人意的地方。他曾坦承,每年公司的内部都会有一些员工有贪污行为,每年都会有一两个被公司查到,或者被供货商、合作伙伴举报,然后查实开除。过去十几年一看,所有因为贪污被公司开掉的,全都是业绩好的人。刘强东的话很诚实,但是在外人看来,开除业绩好的人确实有点可惜,刘强东的定力也因此更让人敬佩。

刘强东还讲过一个有关"正"的例子。京东有一个副总裁,年薪过百万元,因为向供货商要了一个价值 300 元的箱子,被开除。这个副总裁很不服,觉得刘强东太矫情,又不是贪污了 30 万元、300 万元,只是一个箱子而已,又没收现金,怎么能算贪污? 可是刘强东认为,这个副总裁的问题所在,恰恰是没有认识到要一个箱子这种行为也属于贪污。如果他可以随随便便向供货商要一个价值 300 元的箱子,那么他手下的员工贪污 3 元、30 元,他也一定觉得不是什么大事。只要这道口子打开,今天是 30 元,明天是 300 元,后天就会是 3 万元、300 万元,所以这个关一定要把住,不能有一点松懈,也不能有一个人例外。

思考与启示

人间正道是沧桑,企业也要走正道,才能历经变迁而屹立不倒。然而,坚持一个"正"字,要放下利益,禁得起诱惑,这是对创始人人格的巨大考验。

6 新老员工的文化融合

年终会议终于结束！以前每年最多花一两天讨论公司战略,而今年全体高管用了近五天时间激烈 PK。 明年最大的挑战还是来自团队的挑战！特别是如何迎接那即将加入京东的 25000 多名新同事！

——2011 年刘强东在微博上如是说

背景分析

最初,京东的员工人数仅有 60 人,随着规模不断扩大,这个数字不断被刷新。根据刘强东的说法,2014 年京东的员工将突破 5 万人大关。在 5 万名员工中,配送人员和仓库人员占到了一半以上。京东商城的招股书显示,2013 年年底京东已经拥有"18005 名送货人员和 8283 名仓库人员",仓储物流业的特点决定其人员的流动性大。总人数的快速增加和京东物流人员较快的流动性,共同导致了京东"新人"快速增多。人员增加最快的时期,京东每个星期要新进 600 名员工,一年就是 25000 多名。如此之多的"新人",对京东的企业文化的传承是一个严峻的考验。

除了基层员工之外,京东的领导层队伍也在不断壮大。随着业务范围的增大,刘强东需要持续不断地从各行各业精英中挑选符合京东要求的管理人员。2007 年获得第一轮融资后,京东开始招人扩张。当时只有三名副总裁,但之后这一职位扩充到了

12 人。除了少数早年一起创业打拼的旧部，大部分来自亚马逊和沃尔玛等公司，与京东的中关村文化并不天然适应。①

许多新人加入京东以后，最大的感受就是京东的高效。每天的例行早会绝不是摆设，有时候在会上提出的问题，刘强东要求高管当天就要拿出解决思路。早会结束，就要把会上的各种决策立刻执行下去，不会超过一个小时。这种高效工作的氛围对新人是一个很大的考验。

新人刚刚加入京东，难免对京东不够了解，行事方法与"老人"有异。对此刘强东认为，新人刚到京东，与老员工在短时间内的文化冲突属于正常现象，但是只要大家的价值观相同，具体的做事方法有差别不是大问题。所以，刘强东会在培训中和会议中反复强调京东的价值观，让新人尽快了解京东的价值观。只要他们认同京东的价值观，就可以很快在京东生根发芽，与老员工打成一片。

思考与启示

每个企业都会有新人加入，新鲜血液会促进"企业机体"更健康的发展。新员工与企业之间短期内的"排斥反应"也属正常，要给双方一个互相接受的磨合期。

7 员工增多不能稀释企业文化

这种连续增长的压力已经八年了。 过去八年确实存在崩溃的可能，每年新招员工总数超过上年年底员工总数。 过去我一直说京东最大的风险就是企业文化被稀释的风险，事实证明我们有这个能力管理，扛住了这个压力。 我认为最危险的时候已经过去了。 从明年开始，每年新增员工数不会这么增长了。 员工的增长速度和销售规模的增长速度关系不完全是线性的，因为人的效率提高了。

——2012 年京东接受《创业家》杂志采访时如是说

---

① 徐冠群：《刘强东的另一面》，《环球企业家》，2011 年 4 月 5 日。

背景分析

企业文化就像灯塔,用一种无形的力量指引着整个团队朝着同一个目标前进。如果团队人数增长过快,企业的凝聚力和向心力存在被削弱的风险,灯塔的光芒就会变弱。

多年来,京东的增长速度令人咋舌,"每年我们的销售额增长 200%,员工数每年翻倍或者翻 1.2 倍,这样的增长速度,对我们是最大的挑战。只有一种解决办法,就是京东的企业文化必须得到传承,不管是 3000 人、3 万人,还是 30 万人"[1]。刘强东的话,道出了京东一直超速发展也不会"翻车"的秘诀:必须保持企业文化的一致性。

怎样确保企业文化不被稀释? 反复的培训,向新员工灌输京东的价值观必不可少。新员工到京东,一定会先接受岗前培训。培训内容中,企业文化的培训一定会排在专业技能培训之前。要先认可京东的价值观,其他一切都可以排在后面。在有些公司里,只有高层才会接受公司的各种培训。但是京东会确保每个员工都参加培训,让每一个京东人都有机会了解京东的企业文化,做一个真正的京东人。

京东部分员工是从事仓储物流配送服务的,京东不会为了省钱就与其他公司合作,通过中介来找到送货人员。在刘强东看来,仓储物流是京东的最后一公里,作用十分重要,所有的员工都必须是与京东直接签订劳动合同的正式员工。为此,刘强东每年要多支出工资以及保险等人力成本,但是这对于加强管理、从上至下贯彻京东的价值观极为有利。

思考与启示

企业文化不直接产生利润,但它绝不是可有可无的。它就像某种黏合剂,把所有员工黏合在一起,形成一个巨大的更有力量的整体。

---

[1] 尹生:《一个人的京东商城》,《福布斯》中文版,2011 年 9 月。

8 生活本就应该简单快乐

　　每个企业都有自己的目标，京东的梦想是为更多的消费者提供更加便捷的服务，让购物变得简单快乐。

——2012年刘强东接受《中国经济和信息化》杂志采访时如是说

背景分析

　　2012年年末，京东曾经做过一个年终大事件盘点的宣传片，开头有一段颇有意思的台词："如果2012真的发生了，京东该为客户做些什么？我们的理想是什么？就是为客户提供服务和更轻松、更快乐的客户体验。如果世界末日来临了，我们的理想还没有实现，那将是我们最大的遗憾，所以2012年，我们加快了实现理想的脚步。假如有一天你发现你的邻居从来不出门，你会怎么想？失踪？被隔离？实际上他在……过着滋润的京东生活。大到彩电、洗衣机、电冰箱，小到卫生纸、指甲刀、牙签，鼠标划拉一下通通置办齐了。有这么简单的生活方式，谁还出门呀？"

　　之所以引用这么长一段广告词，是因为它道出了京东一直以来的最高价值诉求。京东的梦想，从来没有止步于为客户带来更轻松、更愉悦的购物方式，更要为客户带来一种前所未有的新的生活方式和体验。

　　生活当然高于购物。京东从满足消费者的"购物需求"，到满足消费者的生活所需，体现的是京东服务价值和服务能力的提升。今后，京东将不再简单满足消费者衣食住行方面的需要，而是更关注消费者的个性化需求，以极为丰富的产品品类，包容消费者的一切需要。有的用户想要"精神食粮"，可以上京东买图书，如果觉得图书太贵且不环保，京东还有价格更便宜、更环保的电子书。有的用户想出游，可以上京东购买机票、定酒店。买车买房这种大事也不用那么麻烦，上京东就能搞定。

思考与启示

　　心有多大，舞台就有多大。企业的发展也同理，如果企业的价值观是为更多人提供更有价值的服务，未来企业的发展空间就更大。

9 文化落地

大公司病可能90％出在文化上，比如说部门协作的困难，工作互相推诿、互相扯皮。 当然，系统流程也很重要，如果以团队作为考评，不可避免地会让我们的管理人员只关注我的小组、我这个部门，整体的利益不管了，因为不是它的KPI。

——2012年刘强东接受腾讯科技专访时如是说

背景分析

外界一直为京东担忧,随着京东公司规模的不断扩大,业务类型越来越丰富,覆盖地区越来越多,公司员工人数急剧增加,部门越来越细化,京东是否会出现"大公司病"? 这也是刘强东最关注的地方。

人数的增多导致文化被不断稀释,个别部门和个别地区,新老员工之间衔接不顺畅,导致文化断层。未来,刘强东会加强整个公司价值观的梳理,确保企业文化的连续性。过去几年,为了满足快速增长的业务需要,京东新设了许多部门。现在看来,这些部门有一些需要整合业务,还有一些需要继续细化拆分。

除了通过一连串的重新梳理强化企业文化之外,京东还会对整个系统流程做出修正。以往,京东都是"横着切",将一个业务链条横向切割成几部分,交给不同的部门负责。现在,京东也尝试"纵向切割",由一个部门负责一个业务链条的所有环节,这样就能避免不同部门之间协调不畅的情况,增强这个团队的责任感和凝聚力。

企业文化归根到底要通过员工才能发挥作用。为此,自2013年开始,京东也在用人方面做出了调整。以往,京东的高管大部分都是"空降部队",行业内的精英来京东可以获得更大的发展空间和更多的物质收入。但是现在京东改变了这种策略,据刘强东透露,未来京东高管将主要从公司内部选拔。这一方面可以激励本公司员工努力工作,另一方面也利于整个公司的文化传承。

思考与启示

企业文化最怕沦为口号,雷声大雨点小。创始人应该清楚,企业文化不是为了说给别人听的，而是为了帮助企业切实发展的，所以文化建设一定要落在实处，深入到企业发展的每一个细节之中。

10 欲望无罪

人一方面要努力奋斗，另一方面要享受奋斗的过程、奋斗的果实。80后、90后也必须要付出，但他们追求享受、追求公平是完全合理的。

——2010年刘强东接受《中国企业家》采访时如是说

背景分析

在京东的企业文化中，欲望不是一个被压制的魔鬼，相反，它是动力的化身。在刘强东看来，没有欲望的员工是可怕的，是人就会有欲望，欲望强烈的人才会更努力工作以实现自己的愿望。

一家公司应该为员工提供两方面的满足感，精神的满足和物质的满足。在京东，激励员工工作、让员工有归属感，来自于两方面的共同作用：一是用企业文化武装员工，让员工理解在京东工作的目标是为客户带来良好的购物体验，主动工作能为客户做得更多。二是提供高于同业水平的薪酬待遇，让员工有好的物质条件满足生活需要。另外，还有完善的培训系统，不断帮助员工提高工作能力，为员工搭建职业发展平台。

现在的职场是80后、90后的天下，京东新入职的员工中绝大多数都是此类人群。刘强东说，80后、90后的特点是特立独行，标榜欲望，讲究生活质量，这对于传统的管理方法和管理手段是一个挑战。光从精神上激励已经不足以让这些新时代青年为工作献身，必要的物质奖励一定是不可缺少的。在刘强东看来，重视物欲没什么不好，满足自己再满足他人是最正确的顺序。

为此，刘强东为员工设计了一套完整的加薪计划。过去几年，京东员工的工资连年增长，平均工资几乎翻了一番，而且这种工资的增长不会停止，随着京东的继续发展，员工的收入也会不断飘红。

思考与启示

只讲高尚的理想、伟大的奉献精神的公司会被员工说成是只会忽悠的骗子,只有能切实为员工带来收益、帮助员工提高生活质量的企业,才是受青睐的好企业。

11 用企业文化缝合二元的员工结构

因为我的成长经历跟他们非常相似,从农村长大,家里边非常穷,我很清楚他们来京东工作的目的是什么。 第一个诉求就是说养家,这是很重要的一个诉求。

——2011 年刘强东接受王利芬专访时如是说

背景分析

在一般人的印象中,一家以技术为驱动的互联网公司,员工大多是受过高等教育的高科技人才。这一点也许在其他互联网公司行得通,京东不行。因为多了自建仓储物流这一块,京东的员工总人数中有超过半数是仓库管理员和配送人员。所以,京东比其他互联网公司的管理难度更大。

城乡、贫富的对立在京东内部是如此的鲜明:一方面是北京总部和区域总部高级写字楼里的白领,学历高、能力强,没有风吹雨淋,动动手指就能办公;另一方面是学历相对较低,每天周转于仓库之间、奔走在路上、风雨不误的一线员工。他们的收入结构不同,脑力与体力的差别在此体现,他们接触的世界、工作的愿景不同。

怎样调和两种阶层员工之间的关系?刘强东希望企业文化能在这里起到黏合剂的作用。同时,刘强东对一线员工给予更多关注,让他们时刻感受到京东对他们的关爱。刘强东就算再忙,也会每年抽出一天时间充当配送员,不仅是为了感受用户的需求,更是为了体会一线员工的辛苦。刘强东每到一处,喜欢随机到某个配送站看看,请配送站的员工吃饭,只和一线员工吃,这是高管享受不到的待遇。夏天太热,刘强东会督促各地高管给配送员买西瓜,一线员工配送需要的物品,头盔、靴子和棉鞋,全都是京东统一发放,不用员工掏一分钱。

刘强东总是和高管反复强调,要更关注一线的兄弟们,京东有义务让他们的日子过得更好,活得更有尊严。高管就算离开京东,也很容易找到高薪的工作,可是一线的兄弟们一旦离开京东,就很难再找到不拖欠工资、宿舍里还有空调的工作。

思考与启示

任何一个企业,员工的文化层次、生活水平都不可能处在同一水平线上。企业的领导者应该在物质待遇上多倾向低收入员工,用统一的企业文化缝合员工之间的文化差异。

12 企业文化不能拷贝

其实我觉得任何一家公司在发展过程中都会形成自己特有的文化。 你没必要去拷贝别人的文化,文化是不能拷贝的,更不能学,学是永远学不像的,京东有我们京东自己的文化。 我们坚持了13年,以后未来不管多少年,我相信我们还会坚持自己的特色,我们不可能去学别人的文化。

——2011年刘强东接受新浪科技采访时如是说

背景分析

哲人说世上没有两片相同的树叶,或许世上也没有两家完全相同的公司。一家公司从诞生到发展壮大,既受到时代、市场等客观环境的影响,同时又是创始人、发展路径选择等许多偶然因素作用的结果。所以,刘强东才说企业文化不能复制,也不能学,只能做自己。

公司在发展中逐渐形成了自己的文化特色,反过来也可以说企业的文化注定了企业现在和今后要走的路。如果从中关村时期的京东多媒体算起,京东已经走过了十几年的发展历程。现在看来,不论是京东多媒体,还是京东商城,这家公司的企业文化并没有什么改变,而且非常简单,就是诚信第一、客户至上。

翻开京东的历史,你找不到一个欺骗、撒谎、违背诚信的片段。刘强东一直把诚信作为自己的信仰,不允许任何人亵渎和侵犯。京东曾经开除过找人替打卡的高管,也曾经每年将几千万元花在发票上,不管消费者要不要,也许你会觉得京东不会变通,但其实这背后正是"诚信第一"法则在发挥作用。京东坚持客户至上,不管是京东多媒体时期的卖电脑包教包会,还是京东商城时期的全球最快配送速度。只要客户想要,京东绝不会张口拒绝。

思考与启示

在诸多事物中,文化是最不易模仿的一种。它似有又无,看不见摸不着,稍有不慎就容易东施效颦。所以,一家企业还是创造自己的文化为好。

第十一章 | 最接地气的"老大"

_1_ 我不是传奇

我觉得中国的企业家有个非常不好的地方，就是企业一做大了之后，一定要让自己，或者是想尽一切办法把自己包装成很伟大、很了不起、像神一样。我觉得企业家就是个人，他是有七情六欲的，有自己好的一面，也会有不好的一面，有对的一面，也会有错的一面。所以我相信不管京东企业做多么大，我永远不会尝试自我包装，我更不会允许我的公关团队对我做任何的包装。

——2011年刘强东接受《财经面对面》采访时如是说

背景分析

创业者在创业成功、成为企业家之后，常常会有意无意地包装自己，希望让外界看到自己成功、完美的一面。其实这也无可厚非，从艰苦的创业时期走过来的企业家，总有资本可以说，总有经验可以总结。当然也有人不喜欢这样做，比如刘强东，他不希望外界把自己看成传奇，他更喜欢把自己看成普通人，以前是，今后也是。

刘强东喜欢在微博上吐槽，言辞锋利，围观者很多。有朋友劝刘强东，别在微博上想什么就说什么，微博属于公众平台，说错一句话就会给自己的形象抹黑。刘强东却不以为意，仍然"口无遮拦"，随便在微博上谈感情、谈工作、谈一切他关注的东西。做真实的自己，刘强东乐得自在。

刘强东之所以愿意以普遍人自居，是因为他从没忘记自己是从农村走出来的，他是农民的儿子。从白手起家走到今天，他现在最大的爱好仍然是去吃大排档。大排档更自然，在那儿吃的是饭，而不是情调、氛围等和吃本身没有太大关系的东西。

为了充实自己，最近几年，刘强东到国内国外不少学校去进修。各种总裁班的学习，帮刘强东养成了在公开场合穿西装的习惯，其他方面则没有丝毫改变。媒体的一段话颇有意思，让我们看到了他真实且可爱的本色。"已经消瘦了的武士穿着笔挺的西装站在交易所里，手持香槟，和身边人点头微笑，每隔几句就蹦出一两个英文单词，看起来和身边的银行家们毫无违和感。只有一次，他暴露了'屌丝'的真面目。有名京东员工拿来了北京总部在上市当晚狂欢的照片给他看：'你瞧，还有人打碟呢！'他侧头想了一下,走上电梯后,小声问道:'什么是打碟?'"①

思考与启示

传奇人物固然让人景仰,普通人更容易让人产生亲近感。企业家身上若能自然流露出平民气质,是中国企业家文化的一种进步。

② 关键时刻,要绝对"独裁"

如果是我要推动的事情,那绝对是强硬推动,就是一旦形成决议,我们决定来做这个事,那可以说真的是排山倒海!

——2014 年刘强东接受《IT 时代周刊》采访时如是说

背景分析

刘强东的偶像是撒切尔夫人,言外之意他很是赞同铁娘子的"铁腕统治"。京东能走到今天,刘强东的"专制"也功不可没。京东历史上最关键的几步,无不是刘强东拍板决定的。而且几乎每一次,反对的声音都非常大,刘强东的优点就是,绝不闭目塞听,但是也没人改得了他的决定。

中关村时期,刘强东只用几年时间就获得了 3C 产品 60%的市场份额,成为全国最大的代理商。正赚钱的时候,刘强东宣布要转型,不做代理商了,要向下发展做零售商。他只说一句:"虽然很赚钱,但没有价值。所以我们选择转型往下走,做零售商,这样可以掌握终端用户。"②说完就不再多解释,很多员工都反对,但老刘的脾气大家都知道,决定做的事十头牛都拉不回来,就这样,京东从代理商变成了零售商。

2004 年前后,京东做线上线下"选择题"的时候,大部分员工都赞同线上线下同时发展,至少也是两条腿走路,别急于做决定。刘强东又一次在众人的反对声中选择了线上,2005 年,他关闭了所有的连锁门店,将精力全部集中于一点。后来,刘强东说,一

---

① 何伊凡、袁茵:《京东上市之后,刘强东如何借力打力》,《中国企业家》,2014 年 6 月 6 日。
② 杜舟、韩平、马鸣:《"侵略者"刘强东》,《IT 时代周刊》,2014 年第 8 期。

个人精力有限,一个公司也一样,线上线下一起发展,最后很可能任何一条路都走不好。这种时候就应该快刀斩乱麻,越早下决心对公司越有利。事实证明,刘强东的想法是对的。

还有一次刘强东强硬推行的,就是京东商城决定放弃垂直电商的发展路径,要上线日用百货等品类,做综合电商。2007年前后,刘强东的反对者中又多了投资人这个群体,投资人都认为上线日用百货风险大,一旦失败将给公司带来毁灭性打击。这一次,刘强东动用了更管用的武器——董事会。最后的结果就是,刘强东的"独裁"又一次大获全胜,京东迎来了又一春。

思考与启示

创业者就像司机,要随时掌握好汽车的方向盘,才能确保汽车平稳前进。公司的总体战略、具体目标,以及每一阶段的运营情况,企业的领导者都要心中有数,切不可"大撒把",将企业置于危险境地。

3 该坚持的，绝不改变

其实老实说，我真的没觉得自己跟别人有什么区别，我觉得一点区别没有。无非就是坚持，看准路子坚持一辈子，很简单，希望做点有价值的事情。其实这个东西，我觉得很多年轻人也会说，大家说的我觉得都是非常好。我不觉得我有任何特殊的，可能就是踏踏实实做吧，就是一直做下去。觉得这辈子，几十年活得有价值，觉得我只有一次机会，我永远不可能再回到这个世界上来了，不能像今天这样生龙活虎、活蹦乱跳，可以做自己想做的事情，那就做点有价值的事情，对得起自己短暂的生命，仅此而已。

——2011年刘强东接受王利芬专访时如是说

背景分析

成功大多与坚持有关,刘强东的成功故事也大抵如此。刘强东少年时代的梦想,是做一个能造福家乡人民的"清官"。为此,他还听取高中老师的建议,报考了中国人民大学社会学专业,据说这个专业毕业后有可能"做官"。上大学之后才发现,社会学专业的毕业生非但当不了"官",就业都成问题。扼腕之余,刘强东开始思考,从政不成,那就从商,成为出名的企业家,到时候也可以为家乡做点贡献。

抱着这个念头,刘强东在大学时代就开始开餐馆,梦想可以在餐饮业干出名堂。那时候,刘强东没有任何商业经验和管理经验,一腔热血换来了餐厅倒闭,不仅赔光了编程赚到的几十万元,还欠了父母和亲戚不少钱。1998 年,刘强东到中关村盘下一个摊位,手里只有一万多块钱。他用这些钱买下了一台电脑,开始了二次创业的历程。这一路走来,刘强东经历过的挫折不少,有些困难,除了他自己,不足为外人道也。

2003 年"非典"危机,刘强东一夜之间就要关闭所有门店,面对突如其来的打击,刘强东打碎了牙往肚子里咽,但从没想过放弃。2008 年,经济危机来袭,刘强东的扩张计划被搁置,刘强东就和助手"跑"着见投资人。京东的许多重大决策,刘强东都是在反对声中坚持做出的,现在,刘强东做决定,已经没有那么多反对声音了。大家都知道,老刘要是坚持,没有什么力量能阻止他的决定。

思考与启示

人人都知道坚持能达到目的,却还是有那么多人在实现目标之前放弃,那是因为把山搬走、把铁杵磨成针并不是简单的事。企业的领导者是整个公司的灵魂,只有领导者坚持,整个团队才能目标一致、心无旁骛地努力工作。

4 学会放手

业界一直在说我在收权和放权之间纠结。但事实是——我控制的是决策权,我从来不是运营权的追求者。在股东层面,我坚持股东不能对战略、运营有太多干扰,保证公司可以做自己想做的事情。在运营上,仓储、物流、电商、金融业务,我每年都在放权,我现在越来越偏重于找到合适的人,给予他最大的授权。

——2014 年刘强东接受《财经》杂志采访时如是说

背景分析

京东的组织架构完全是金字塔式的,折射出刘强东的管理思想。但是,随着京东的不断壮大,刘强东的思想也在悄然发生变化,2014年他接受《中国企业家》杂志采访时就说了这样的话:"我们今年宣布对公司进行分拆,独立了京东商城、京东国际、京东金融和拍拍网,其实这就是我放权思想的延续。未来我希望有四个独立发展又彼此合作的子公司。"①

刘强东正在练习"放权"。以前,京东就是他的整个世界,每天在办公室里的时间比在家里的时间要多得多。但是近几年,京东的员工们在公司里越来越少见到刘强东,都是通过打电话或者发邮件来汇报工作。刘强东正在努力让团队适应没有他的日子,为此他经常主动消失,花十几天的时间开越野车去穿越沙漠、到国外的大学进修,一走就是几个月。

刘强东为什么要"放权"?京东的"盘子"越来越大,创业初期"一个人说了算"的模式已经不适应现在的发展阶段。事情越来越多,刘强东就算是一台电脑,也不能再像从前一样所有事都过问。现在,刘强东能依赖的,只有建立完善的授权机制了。有了这套机制,刘强东只需要掌握好发展方向,其他的都可以交给别人来做。尝试了一段时间之后,刘强东发现这种授权模式不但没有影响京东的运营,而且授权给专业人士之后,因为他们有更强的业务能力,能比自己更好地实现目标。

思考与启示

创业初期,创始人的"集权"管理,有利于公司集中所有资源做好当前最重要的事情,有利于公司的发展。公司一旦形成规模,跻身"大公司"行列,创业者就应该及时"放权",做到"统"而不"治"。

---

① 宋玮:《刘强东纽约访谈录——梦想、金钱、误解》,《中国企业家》,2014年5月24日。

5 看到别人看不到的东西

因为我是看到了他们看不到的东西，比如我们三年前没有公布公司内部财务数据，很多员工看不到公司所有的财务数据，所以也很难说作出一个像我那样的决定。所以在那样的情况下，我觉得我必须专制。 其他的，在内部团队来讲，我不是经常会使用专制的。 如果我要专制的话，大部分人不认可我，跟我的思想观念不一致的话，会说我去改他们。

——2011 年刘强东接受王利芬专访时如是说

背景分析

刘强东的"专制"是出了名的。京东的几次重大决定都是在众人的反对声中强制推行的。对此，刘强东的说法是，因为我看到了别人看不到的东西，他们都没看到，所以不认可我的决定，那种情况下我只能专制。

刘强东到底看到了什么？早年，刘强东代理光磁产品，很快占据了整个市场份额的 60％以上。那时候，员工们欢欣一片，大家都跃跃欲试，以为用不了多久京东就能垄断整个光磁产品市场。这时候，刘强东看到的却是代理商的地位不复从前，利润越来越低。所以他才决定放弃做代理商，转做零售商。员工们还沉浸在"中关村第一"的美梦中，自然无法理解刘强东的决定。

"非典"过后，刘强东的连锁门店开张营业，所有人都觉得"好日子"又回来了，京东又可以和以前一样，继续扩张、再扩张，盈利、再盈利！这时候刘强东又看到了更远的地方。上线没多久的京东多媒体网以惊人的增速暗示刘强东，未来一定是在线零售的天下。在京东的连锁门店全部关闭的 2005 年，所有员工都是一副"京东无望"的表情，刘强东没多做解释。他相信用不了多久，事实就能说明一切。果真如此，仅仅一年之后，京东商城的销售额就达到了 8000 万元，注册人数达到了几十万，与投资界大佬达成协议，完成首轮融资。刘强东要上日用百货，团队和投资人都觉得做 3C 电商很好，上日用百货风险大，刘强东看到的是垂直电商的发展路径越来越窄，综合电商才是日后的电商之王。这一次，刘强东又"赌"对了。

思考与启示

成功的创始人或多或少都有某种准确的预见性,助企业一直走在前面。但是,也因为"曲高和寡",创始人有时候又是孤立的。不用急于辩解,事实是最好的说明。

6 请别叫我莽汉

一定要说清楚哪些是投资者可以在法律上有效反对的,比如最核心的股权变动、企业借款达到一定规模等保护投资者利益的。 除此之外, 运营层面他们任何权力都没有, 反对在法律上是无效的, 我都可以不听。

——2011 年刘强东接受《环球企业家》杂志采访时如是说

背景分析

同行把京东比作闯进瓷器店的大象,意指刘强东莽撞。可是就像外界误解刘强东不懂温柔一样,这次大家又误解他了。刘强东的谨慎有理有据,听完这些,今后请别在背地里叫刘强东莽汉了。

刘强东一向喜欢主动发起竞争,但其实每一次都是经过周密策划,无论是和当当的图书价格战,还是和苏宁的家电价格战,都能看到周密备战的痕迹,"逢战必胜"并不是没有根据的。

刘强东在对待投资的问题上尤为谨慎。有些创始人眼睛只盯着钱,对投资协议反倒不上心,等到日后真出了问题才追悔莫及。刘强东不希望这种错误发生在自己身上,每签一个投资协议,他都严格把关。自己不懂,就请专业律师,甚至花大价钱找国外律师。反正,就是不能留下任何隐患。刘强东与投资人签的投资协议中,最长的有几百页,最麻烦的是刘强东需要在每一页上签字,全部签完需要四个小时。给投资人许诺销售目标,刘强东从来不会空口说大话。他总是会适当收敛,定一个绝对能够实现的目标。比如,2008 年,刘强东完成 14 亿元的销售额,比当初的目标高 4 亿元;2009年完成 40 亿元的销售额,比事先定下的目标高出 10 亿元。京东在上市之前经过了几轮融资,虽然股权有所稀释,但是控制权还是牢牢握在刘强东的手中,这源于刘强东和投资人所签的投资协议中写明了采用 A/B 股规则。

思考与启示

创业者在任何时候都不能失了谨慎,切记小心驶得万年船。尤其是那些事关公司命运的重大合同签订、合作事宜等,创业者一定要做到比其他人更仔细,将风险几率降到最低。

7 不得不收起的棱角

企业大了,盯着我们的人也多了。 棱角越多就会被打得越惨,为了公司能活下去、几千人未来不至于失业,我不得不收敛棱角。

——2011 年刘强东接受《环球企业家》采访时如是说

背景分析

社会是大熔炉,就算是刘强东这样有力量又强硬的人,也不得不收起一部分棱角。现实就是现实,永远不低头的人,很可能被撞得满头大包。

刘强东一向不喜欢撒谎,骗子在他眼里更是得拔去的钉子。以前,他绝不会跟骗子低头,就是要较真,要打官司,他宁可花 100 万元给律师做代理费,也不给骗子一个"钢镚"。现在,刘强东还是和从前一样,眼里容不下沙子,黑就是黑,白就是白,但是现在他的话明显少了,不像以前一样张口就和人争辩。社会太复杂,企业做大了就有无数双眼睛盯着,稍不留神就可能对企业造成负面影响。吃了几次亏之后,刘强东也学聪明了,清者自清,不用急于辩白。

刘强东这样做,主要是为公司着想。现在,京东和以前的小公司大为不同,几万人靠着在京东工作养家糊口,尤其是那些在一线从事仓储、物流、客服工作的员工,如果失去这份工作,会给他们的生活带来很大影响。

电商竞争激烈,京东迅速发展抢占市场,自然招致竞争对手眼红。更有甚者,可能早就挖好了坑,等着刘强东往里跳。所以现在刘强东更要处处小心,收起自己的棱角。看看他的微博就知道,老刘的吐槽明显少了,而且不会再像以前一样"疯言疯语"。

思考与启示

棱角不是坏东西,某些时候可以帮助创业者坚持自己的特色,但是随着企业发展壮大,也要学会渐渐把棱角收起来,不是丢掉,而是以一种更内化的方式,默默坚持。

8 工作是为了享受生活

当然,工作是为了生活,我们要认真工作,同时要享受生活。 其实大多数人对于这个社会都是微不足道的,每个人的生命都像流星一样,全世界能对人类有影响力的人很少很少。 我从来没想做那样的人,做一个正直善良的人,每天做有价值的事情,对得起自己的生命就很好了。 我希望跟我接触的人,能够像我一样去拼搏,少点打游戏的时间,少点 K 歌的时间,多做些实在的事情就行了。

——2013 年刘强东接受《第一财经日报》采访时如是说

背景分析

作为 70 后的企业家,刘强东与 50 后、60 后的企业家有着明显的不同,社会责任当然要扛在肩上,但是利人也要利己,工作就是为了更好地享受生活。

刘强东并不是一个物欲特别强的人,他对物质生活的要求也很简单,不需要用奢侈品来炫耀他的财富。但是如果有想法的时候,一定要有钱去实现,不用算计着过日子,要有足够的钱来过惬意的生活,家里的冰箱旧了,不用攒钱也不用想,可以立马就换个新的。上面这段话,是刘强东在接受媒体采访时说的。现实中的刘强东,从来不炫富,也不会花钱去买游艇,唯一烧点钱的爱好大概就是经常换一换他的越野车。刘强东有个爱好,喜欢开着越野车穿越沙漠,以释放压力、放松自己。

有人说,当不是为了钱而工作的时候,那才是真正的工作的开始。现在,刘强东或许更能体会这句话的深意。如果说他以前努力工作是为了证明自己的价值和能力,为了证明一个从农村走出来的穷小子也可以有所作为、拥有财富。那现在他工作的目的就更纯粹了,只是因为喜欢,因为享受,所以才工作。

思考与启示

几乎所有的人都会认同工作是为了更好地享受生活,但通过努力工作享受到生活的人却没几个。阳光总在风雨后,努力过、坚持过,才有享受的资格。

⑨ 世上并不是只有 A 和 B

我觉得永远不能说它是独裁还是民主的。适合你的企业,员工能接受,这是最关键的。这个世界并不是只有 A 和 B,不同的历史时期不同的选择,造成这个公司不同的商业模式、不同的管理、不同的控制权,没有什么好坏。

——2014 年刘强东接受《创业家》杂志采访时如是说

背景分析

懂变通,知进退,方能成大器。在京东的管理方式上,刘强东就做到了与时俱进,根据公司的不同发展阶段,采取不同的管理方式。

许多人批评刘强东在管理方式上的集权,事无巨细都要亲自过问。对此,刘强东的解释是,他不是一个权力欲望过度膨胀的人,"独裁"是由公司现实的需要、公司的发展阶段决定的。京东并不是上线之初就有今天的规模,当初京东只是一家再普通不过的小公司,连单独的人力资源部都没有。就是因为公司小、资金有限,稍有闪失就可能一蹶不振。为了慎重起见,刘强东做每件事都要了解情况并给出意见,这样才能确保公司的决策不出现任何偏差。几乎每一年,京东都会面临发展路上的重大抉择,彻底关闭线下的连锁店、扩大产品品类发展成综合电商、自建仓储物流系统,刘强东超前的思维做出的重大决定,总是不能被团队成员和投资人接受,刘强东试着解释,但是越解释越乱。为了不错失良机,"独裁"成了刘强东的唯一选择。幸好,他一直以来架构的公司组织结构以及在董事会的绝对控制权,让他可以非常顺畅地贯彻自己的想法。

在走过了几步最重要的棋之后,京东的规模空前扩大,公司总人数已经超过五万人,更重要的是,公司的运营流程更加高效,组织建设更加健全,刘强东知道,"放权"的时候到了。现在,京东对他来说就是"风筝",只要线在自己手里就可以,怎么飞,可以让"风筝"自己决定。

思考与启示

管理方式,并不是 A 和 B 之间必须选出一个正确的答案。对管理者来说,管理方式没有对错之分,只有适合不适合。只要是适合企业发展的、员工欣然接受的,就是好的管理方式。

10 低调做慈善

过去十几年,我所有从公司拿到的现金收入,60％都是已经捐出去了,只是从来不宣传而已。

——2011 年刘强东接受王利芬专访时如是说

背景分析

京东上市之后,刘强东的财富数字成了媒体津津乐道的话题。有人估算有几十亿元,也有人预测将达到百亿元以上,但是不管怎么说,刘强东成功跻身亿万富豪行列一定是千真万确的事情。有钱人做公益、做慈善的事我们听过不少,但是从来没听过刘强东在这方面有任何动静。其实,老刘并不是没做,只是没说。他不想把慈善也当成炫富的一种手段,或者是宣传京东的噱头。在他心里,慈善就是做好事,做好事不留名,是他从小就知道的道理。

大家之所以不太了解刘强东做慈善的事,或许也和刘强东从来不给各类基金会捐钱有关。不给基金会捐钱就上不了新闻,不上新闻就只能默默无闻了。早年,刘强东也曾试着给各种协会、基金会捐钱,但是几次之后觉得不如直接给需要援助的对象。

刘强东的老家江苏宿迁是个非常穷的地方,他至今都记得当年自己揣着村邻凑的500 块钱去上大学的情景,为了省钱,他曾经连续一个多星期只吃白水煮鸡蛋。现在,刘强东为了回报家乡,改变乡家乡面貌,专门在老家设立了助学基金,帮助那些家庭困难的学生完成学业,改变自己的人生境遇。

刘强东还"领养"了 10 个孩子,虽然没有在法律上履行领养手续,但是其义务全都会做到。

思考与启示

古人说"达则兼济天下",成功的企业家有义务做慈善,千万别为了宣传公司、炫耀自己做慈善,让"做好事"变了味。

11 心怀员工

能让我们这么多配送员在县城买房子,让他爸他妈不再去种地,让他孩子去上县城小学。 我虽然出来了,但我是个例外,我太幸福了。

——2013 年刘强东接受腾讯网采访时如是说

背景分析

一向给人强势印象的刘强东,说起动情的话来,别有一番滋味。也许是出生在农村,对贫穷有更深的理解,所以每当谈起那些在京东工作的一线员工,他总是显得特别真诚、特别感性。

京东部分员工在一线做仓储、配送、服务工作。他们普遍来自小县城或是农村,受教育程度不高。刘强东说,他非常能理解这些员工来京东工作的目的,没有别的,就是赚钱养家。让这些和自己一样苦出身的员工们生活得更好、生活得更有尊严,是京东的义务,更是刘强东不能推卸的责任。

为了让一线员工们生活条件好一点,刘强东要求在员工宿舍里安装空调,这样累了一天的员工可以回到宿舍里吹吹凉风。京东也从来不会拖欠任何员工的工资,尤其是一线员工的工资,必须按时发放,晚一天都不行。他还保证,一线员工只要在京东好好干,肯吃苦,给用户留下好印象,就不会被京东开除。这样只要五年,他们就买得起老家县城里的房子,把全家人接到城里,不用再种地,孩子也能上城里的小学,接受更好的教育。

2013 年是京东第二个十年的开始,刘强东在京东商城内部年会上发表了讲话,其中提到了京东将在第二个十年中努力提升员工的幸福感，"在第二个十年，我希望看到有更多的京东宝宝出生，希望我们的京东宝宝可以快乐地成长，享受良好的教育。在第二个十年，我希望看到京东人的父母在生活质量上能得到很大改善。在京东，我们多数员工来自于农村，我本人也来自于农村，我们的父母都很辛苦，劳累忙碌一生，但是很多父母到今天为止都没有过上安宁的生活，我希望在第二个十年，可以看到京东人的父母们能够获得更多的健康、关爱和人生享受"①。

思考与启示

作为领导者，有必要为员工提供更好生活的物质保障，这是一种责任，同时也因为公司是由每一个员工组成的，员工满意度、幸福感的提升是一种无形的生产力。

12 做京东的"净化器"

所以说一个创始人多么的重要。一定让企业（具有）自我进步、自我净化的能力，这样的企业才是好的企业。最近15年，全球的投资有99％的案例都来自于互联网，伟大的投资人都是来自于互联网。如果不投资互联网，你一辈子不可能成为最大的企业家。

——2011年刘强东接受《创业邦》杂志采访时如是说

背景分析

京东从无到有的过程中，刘强东非常完美地扮演了创业者的角色。但是随着京东的发展，刘强东还需要重新为自己定位，扮演一个企业家的角色。现在，他还在慢慢适应自己的新角色。

净化器与天花板之间，只是一念之差。如果刘强东能够及时找好自己的位置，调整步伐跟着京东快跑，那他就是京东的净化器，让京东始终纯净如一，稳步发展。如果他固步自封，不肯进步，那很快就会成为京东的天花板，挡住京东飞翔的方向。两者

---

① 《刘强东内部讲话：京东2013年"休养生息"》，《中国企业家》，2013年1月9日。

之间,刘强东自然会选择做净化器,为此,他不断努力,通过学习和静心思考充实自己、改变自己。

如果说创业初期的刘强东是个实战派,现在他开始慢慢向理论派转变了。这些年积累起来的实战经验,都需要从理论中找到支撑的力量。而对于今后的公司战略决策、管理方式的改变,刘强东更希望做到有理有据,最好先从书本上得到证明,再去实践,这样胜算更大。

2013年,刘强东几乎从媒体的视线里消失了,等到他再次出现时,大家才清楚原来他是到美国游学去了。说是游学,其实就是想静心思考,"你作为一个创业者,连续15年狂奔,需要时间思考,把事情想透。在国内我的时间一定会是碎片化的,助理不断安排时间,干这干那,去了美国,手机号就给换了,所以唯一能找到我的就是邮件。一个是需要思考,第二个就是说,十年了,京东发展到了一个检验我们团队协作和自主性的时候了,如果一家存活了十年的公司的首席执行官一天都不能离开,是非常危险的。"① 相信思考过后,刘强东能看透更多东西。

思考与启示

创业者常常会感叹,不知不觉中似乎跟不上公司发展的脚步了,意识到这一点还不算晚,拿出当年创业的勇气去改变自己,你已经走在成为企业家的路上了。

---

① 李斌:《京东CEO刘强东消失近一年:海外游学检验团队》,《京华时报》,2013年12月30日。

图书在版编目(CIP)数据

  刘强东:赚钱是自然而然的事 / 修娜编著. —杭
州:浙江大学出版社,2015.8
  ISBN 978-7-308-14675-3

  Ⅰ.①刘⋯ Ⅱ.①修⋯ Ⅲ.①刘强东—生平事迹 ②电
子商务—商业企业管理—经验—中国 Ⅳ.①K825.38

  中国版本图书馆 CIP 数据核字(2015)第 097306 号

刘强东:赚钱是自然而然的事

修　娜　编著

责任编辑　　徐　婵

出版发行　　浙江大学出版社

　　　　　　　（杭州市天目山路 148 号　邮政编码 310007）

　　　　　　　（网址：http://www.zjupress.com）

排　　版　　浙江时代出版服务有限公司

印　　刷　　杭州丰源印刷有限公司

开　　本　　710mm×1000mm　1/16

印　　张　　12

字　　数　　202 千

版 印 次　　2015 年 8 月第 1 版　2015 年 8 月第 1 次印刷

书　　号　　ISBN 978-7-308-14675-3

定　　价　　32.00 元